CUM PETRO ET SUB PETRO

Riforme ecclesiali per la missione

D0777925

AGOSTINO MARCHETTO

CUM PETRO ET SUB PETRO

Riforme ecclesiali per la missione

AGOSTINO MARCHETTO

CUM PETRO ET SUB PETRO

Riforme ecclesiali per la missione

CHORABOOKS

HONG KONG 2019

14/F office A. Bangkok Bank Building

No.28 Des Voeux Road Central

Hong Kong

Visit our website at www.chorabooks.com

First eBook edition: January 2019

ISBN 9789887896920

Sommario

Prefazione

Con il mio libro "'La riforma e le riforme nella Chiesa". Una risposta"[1], uscivo un po' dal mio consueto campo di ricerca storico-teologica, cioè dal Concilio Ecumenico Vaticano II, dilatando lo studio alla riforma in atto oggi nella Chiesa Cattolica. Era concretamente una risposta al grosso volume di 615 pagine, con lo stesso titolo iniziale, dell'Ed. Queriniana[2], frutto di una "joint venture" di trenta esperti.

Essi peraltro si situano tutti, o quasi, in una linea unidimensionale di riforma, con sottolineatura della sinodalità-collegialità, senza tener molto presente e sviluppare l'altro polo del fondamentale binomio primato-sinodalità, cioè il primato, che nel suo aspetto conciliare ha costituito uno dei centri vitali e specifici di attenzione del Vaticano II, a me particolarmente caro e oggetto del mio lavoro di studioso da almeno 30 anni[3].

---

[1] L.E.V., Città del Vaticano 2017, p. 119.

[2] Brescia 2016, libro curato dagli editori ANTONIO SPADARO e CARLOS MARÌA GALLI.

[3] Cf. AGOSTINO MARCHETTO, *Chiesa e Papato nella storia e nel diritto. 25 anni di studi critici*, L.E.V., Città del Vaticano 2002, p. 771 (in seguito sarà citato *Chiesa e Papato*); IDEM, *Il Concilio Ecumenico Vaticano II. Contrappunto per la sua storia*, L.E.V., Città del Vaticano 2005, p. 407 (in seguito così citato: *Contrappunto*); IDEM, *Il Concilio Ecumenico Vaticano II. Per la sua corretta ermeneutica*, L.E.V., Città del Vaticano 2012, p. 378 (successivamente indicato come *Per la sua corretta ermeneutica*); JEAN EHRET (a cura di), *Primato Pontificio ed Episcopato. Dal primo millennio al Concilio Ecumenico Vaticano II. Studi in onore dell'Arcivescovo Agostino Marchetto*, L.E.V., Città del Vaticano 2013, p. 765 [da p. 73 a 133 faccio io stesso una sintesi dai risultati dei miei studi; l'ultima parte è in lingua tedesca] (in seguito: *Primato pontificio ed Episcopato*); VINCENZO CARBONE (†), *Il "Diario" conciliare di Monsignor Pericle Felici*, a cura di AGOSTINO MARCHETTO, L.E.V., Città del Vaticano 2015, p. 589

E così intonai la mia "risposta" al monocorde tono del coro, e conseguente unilateralità dell'opera edita dalla Queriniana per far udire un'altra voce, per quel "et" "et" che caratterizza il Cattolicesimo, la nostra "via media", e applicare la giustizia dell'"audiatur et altera pars" (=si ascolti anche l'altra parte).

Essa è stata di fatto l'avvio di ulteriori ricerche su varie riforme ecclesiali nel corso della storia, ma specialmente attorno a quel binomio fondamentale Papato-Episcopato, sempre con la missione come meta, in stato permanente di missione, per nuove tappe di evangelizzazione, come conferma ora la Costituzione Apostolica "Episcopalis communio" di Papa Francesco sul Sinodo dei Vescovi. Sempre dunque con la missione quale elemento costitutivo di Chiesa, adatta ad essere appunto missionaria, come la volle il suo Fondatore, per renderla alla fin fine più fedele a sè stessa. L'"Andate!" è di fatto fondamentale e essenziale (cfr. Mc 16,15s.). Da ciò il nostro titolo classico dato a questo contributo alla riflessione e all'azione: "Cum Petro et sub Petro".

Del resto la corretta ermeneutica (=interpretazione) del Magno Sinodo (Vaticano II) come espressa da Benedetto XVI, fattosi voce di tutti i Papi conciliari e post e dello stesso Papa Francesco, è tesa "non alla rottura e alla discontinuità, ma alla riforma e al rinnovamento nella continuità dell'unico soggetto Chiesa"[4] in cui Primato e Collegialità (sinodalità) vanno insieme.

(successivamente indicato come *Il "Diario" conciliare*); AGOSTINO MARCHETTO, *Il "Diario" conciliare di Monsignor Pericle Felici*. Addendum, L.E.V., Città del Vaticano 2016, p. 79.
[4] V. Discorso natalizio alla Curia Romana nel 2005.

Dicevo ulteriori studi miei sulle varie riforme ecclesiali catalizzate dalla missione, si potrebbe anche dire, finalmente, dalla "cura animarum", per cui è nata in me l'idea di pubblicare un agile volumetto, di sei capitoli ma che riesca a dare una visione storica d'insieme e a far capire che la Chiesa, oltre che fedeltà, è anche continuamente legittima riforma organica e omogenea e rinnovamento, guardando la "Sitz im Leben", cioè la situazione in cui si vive, in legittima evoluzione, tenendo in conto, alla luce del Vangelo, il corso della storia.

E allora ecco l'indicazione del primo capitoletto denominato "Impronte riformatrici nella storia ecclesiale", una sintesi privata del mio intervento all'Università Urbaniana, il 14/2/18, che sarà pubblicato nella sua completa stesura e con apparato critico negli Atti del relativo Congresso. Vi tratto delle riforme pseudo isidoriana, "gregoriana", tridentina e al Vaticano I, nonchè "della riforma e del rinnovamento nella continuità dell'unico soggetto Chiesa" al Vaticano II.

Nel successivo capitolo tratto invece dell'"Importanza teologica e storica dei Concili dell'era moderna circa il binomio inscindibile primato-collegialità (sinodalità)". Fu il mio contributo scientifico alla Mostra in Campidoglio appunto su "I Papi dei Concili nell'era moderna. Arte, storia, religiosità e cultura", che si articola attorno al Concilio di Trento, con il suo appello riformatore, al Vaticano I, e relativo aspetto di riforma, e al Vaticano II, con attenzione speciale ai Papi Giovanni XXIII e Paolo VI per la "riforma e il rinnovamento nella continuità dell'unico soggetto Chiesa".

Il terzo capitolo si conclude con "La sfida missionaria" preceduta, nel titolo, dal tema che affrontai a Sevilla, in quel Centro Storico di Studi Teologici, il primo marzo 2018, e cioè: "Chiesa e Società nel Concilio Vaticano II: Jean Daniélou e Yves Congar".

Per cercare di mettere a fuoco le anzidette due figure, scelte dal citato Centro per illuminarci nell'impegno di abbozzare il tema che ci fu dato, in latino io lo manifestai così: *Ecclesia ad intra* (Chiesa in sè) e *Ecclesia ad extra* (Chiesa in uscita, verso fuori di sè), formule del Cardinal Suenens, seguito dagli em.mi Lercaro e Montini e accettate da Papa Giovanni XXIIII. Il filo rosso fu dunque il Magno Sinodo Vaticano Ecumenico, come sempre l'ho chiamato. E volgevo l'analisi del Congar più sulla vertente Chiesa *ad intra* ("Cosa dici, Chiesa, di te stessa?" chiedeva Montini), considerando e sottolineando la continuità della presenza del Domenicano, creato poi cardinale, sulla scena storico-teologica, ricordando quanto egli scrive nel suo diario: "io non ho fatto ecclesiologia"[5]. Eppure per il

---

[5] Yves Congar, *Mon Journal du Concile,* vol II, Paris 2002, p. 159. Per contesto ricordo quanto scrivevo sotto il titoletto « spunti d'avvenire » nel mio studio di tale diario, e cioè « il Congar prevedeva le difficoltà degli storici, e lui fondamentalmente lo era, nel loro compito futuro riguardo al Concilio Vaticano II. Aveva egli ancora ragione nell'invocare studi teologici, giuridici e storici sulla collegialità (v. p. 164 II), così: "la storia dell'ecclesiologia dovrebbe avere l'urgenza N°1" (p. 291 II) negli anni futuri. E la vedeva come "ecclesiologia di comunione" (p. 115 II), in AGOSTINO MARCHETTO, *Il Concilio ecumenico Vaticano II. Contrappunto per la sua storia*, Città del Vaticano 2005, p. 334. Controprova ne viene dall'approvazione di Paolo VI per l'incarico del Domenicano a Strasburgo in cattedra di Ecumenismo (in IDEM, *Il Concilio ecumenico Vaticano II. Per la sua corretta ermeneutica*, Città del Vaticano 2012, p. 117).

"De Populo Dei" (= Sul Popolo di Dio) si impegnò, così come nell'*Ad Gentes* relativo alle missioni.

Per Daniélou i giudizi vanno assieme con quelli di De Lubac e l'impegno per ciò che sarà la Costituzione *Gaudium et Spes*. Ma non dimenticando *Ad Gentes,* ricordo qui il contributo di ricerca postconciliare del Prof. Josef Ratzinger , come da me delineato nella parte finale della Conferenza di Sevilla. Ne furono capisaldi, a partire dal concetto Chiesa, la cattolicità al suo interno, la pluralità delle religioni e l'unità dell'appello divino, la via della missione, la sua idea nei decreti sull'Apostolato dei Laici e sul ministero e la vita dei Presbiteri, la dichiarazione circa la libertà religiosa e le relazioni della Chiesa con le religioni non cristiane, e finalmente la missione del dialogo. Un crescendo straordinario ratzingheriano insomma.

Nel IV capitolo ecco una concretizzazione di quanto delineato nel precedente con la prospettiva del Vaticano II in "I giovani, la fede e il discernimento vocazionale", tema dell'ultimo Sinodo. La base per me è conciliare, di visione appunto di Popolo di Dio e società.

Gli ultimi due studi, infine, traggono origine dal "Diario" conciliare dell'arcivescovo Pericle Felici, Segretario Generale del Vaticano II. Il primo presenta come vi appare la minoranza di quel Magno Sinodo, mentre il secondo concerne l'immagine, il pensiero e l'opera, che vi risultano, di San Paolo VI, il "martire" del Concilio –

a dire del Card. Doepfner – il quale lo concluse e ne confermò tutti i documenti finali. E fu un'impresa.

Non vi è chi non veda il legame di questi ultimi due importanti capitoli *cum Petro et sub Petro*, in vista della finalità missionaria ed ecclesiale *ad intra* e *ad extra* del Concilio Ecumenico Vaticano II, grazie a una fonte inattesa e fortunata di conoscenza storica qual è il "Diario" Felici. Buona lettura!

+ Agostino Marchetto

Impronte riformatrici nella storia ecclesiale

Vasto è il tema che mi è stato affidato, vastissimo lo spazio di tempo, duemila anni, su cui camminare… in 45 minuti. Iniziamo dunque col ridurre ai minimi termini ragionevoli il mio impegno, sperando e pregando che vi innamoriate non solo di Cristo, ma anche della sua Santa Chiesa, "semper reformanda", "semper renovanda".

Le impronte riformatrici dunque riguarderanno solo la relazione Papato-Episcopato, meglio "Primato e collegialità, o sinodalità".

Riforma pseudo isidoriana

Per il tempo partiamo dal primo millennio, più o meno dall'ottocentocinquanta, con legame alla rinascita carolingia. Perché?

Per la ragione che in quel tempo inizia il cammino delle Pseudoisidoriane, Decretali autentiche e falsificate e testi conciliari da esse pure veicolate, che tanto influsso avranno nel II millennio della storia di quel binomio inscindibile "primato e sinodalità", a cominciare dalla cosiddetta riforma gregoriana.

La disciplina circa la elezione e consacrazione dei Vescovi; la riforma dei giudizi su di essi; la riserva al Vescovo di Roma delle cause maggiori e più difficili; la convocazione e la conferma dei sinodi da parte del Vescovo di Roma, temi pseudoisidoriani, fanno apparire chiaramente, che l'opera protegge e difende i Vescovi, anche radunati in concilio, mettendo in luce altresì la figura del Successore di Pietro, loro liberatore e soccorritore, le cui prerogative, facoltà e diritti, dilatati e rafforzati dalle falsificazioni, daranno al papato la capacità di affrontare, con possibilità di vittoria, la grande lotta delle investiture e di svincolo della Chiesa dal "potere soffocante temporale", che sarà caratteristica dei secoli immediatamente successivi.

L'opera pseudo isidoriana, si dirigeva, oltre i Signori laici e il potere secolare, pure contro i Metropoliti, asserviti in molti casi all'autorità regale o imperiale, favorendo un regime diocesano unico, con soppressione del corepiscopato.

Dire che lo Ps. Isidoro con la riforma vuol proteggere e difendere i Vescovi, anche per mezzo dell'autorità del Papa, appare dunque dedotto dai fatti storici e dai testi considerati ma è pure in armonia con le stesse parole che il falsificatore trasmette, in cui egli svela il fine della sua opera. Infatti la coscienza, che lo Ps. Isidoro trasmette ai presunti Papi delle sue decretali, circa il loro dovere di difendere i Vescovi contro gli oppressori, è manifestata spesse volte nel *corpus* delle false decretali e non rimane solo nel campo dell'affermazione generica di libertà di cui devono godere.

La "riforma gregoriana"

E venne dunque lo slancio gregoriano, «cette tentative passionnée pour arracher les forces surnaturelles à l'emprise du siècle et réduire les pouvoirs humains au rôle, discrètement subordonné, de simples auxiliaires», per cui come lo Ps. Isidoro combatté contro l'ingerenza laica nella elezione dei vescovi, usando pure della sua opera Gregorio VII si oppose all'imperatore in nome della *libertas ecclesiae*. Incominciò così la lotta contro l'investitura laica e contro le chiese proprie e all'uopo ci si servì dello Ps. Isidoro sia in Germania che in Inghilterra.

Pure gli altri due aspetti dell'opera ps. isidoriana per proteggere la posizione episcopale trovano seguito nella disciplina canonica, come in caso di traslazione. Dopo la ricezione delle false decretali c'è infatti un ripetersi di eccezioni alla regola antica e generale della sua proibizione. In tal modo l'opera dello Ps. Isidoro non rimase senza conseguenze giacchè per il credito ad essa concesso i cambiamenti di sede, rari in Occidente fino al secolo XI, divennero in seguito più frequenti.

Le raccolte canoniche successive in effetti risentono molto dell'impostazione del falsificatore, a cominciare dal *De episcoporum*

9

transmigratione alla collezione *Anselmo dedicata,* da quella di Burcardo e di Umberto di Silva Candida al *Dictatus Papae* e alla Coll. in 2 Libri.

L'ordinamento del pensiero dei canonisti precedenti lo troviamo in Graziano che, affermando l'assioma *Nullus usurpet concessa Romanae ecclesiae,* di provenienza ps. isidoriana, riafferma la necessità di un intervento della *auctoritas* romana anche per la convocazione dei sinodi.

Tornando alla "riforma gregoriana" in sé, dobbiamo rilevare che la influenza pseudo isidorina porta altresì alcuni mutamenti nel rapporto primato-collegialità, sinodalità diciamo così, accentuandone nuovi aspetti e operando in concreto un indirizzo particolare per il fatto che dalla affermazione spuria di Papa Vigilio i Vescovi appaiono essere chiamati a partecipare alla *"sollicitudo"* della Sede Apostolica, non alla sua *"plenitudo potestatis".*

Orbene in dipendenza dal falsificatore, che esercitò un forte influsso sui canonisti del Medio Evo, è messa in luce intensa nel tempo a lui successivo tale pienezza di *"potestas"* papale e anche se l'opera non diede frutti immediati, a poco a poco ci si convince che solo il papato, custode dell'ordine cristiano, ha l'autorità necessaria per coordinare e sostenere una riforma, o rinnovamento della Chiesa che dir si voglia. Con Leone IX il papato stesso la intraprende ma « sforzandosi di non compromettere i presupposti di una collaborazione con l'episcopato che era sempre - come dice il Capitani - uno dei protagonisti della "riforma"».

Ma il troppo tiepido appoggio vescovile a tali iniziative accentua ancor più l'esigenza di un potere centrale saldo, di un'autorità come fondamento di ogni soluzione. Ed ecco allora le affermazioni, da parte dei riformatori, dell'universale episcopato del Vescovo di Roma che esercita la sua *potestas* su tutti i cristiani ed è pastore dei Vescovi.

Per delucidare comunque il valore della formula "in partem sollicitudinis vocati non autem in plenitudinem potestatis" è necessario peraltro conoscere almeno *perfunctorie* lo sviluppo storico della distinzione, che a un certo punto diventa "riflessa", fra il potere di ordine e di giurisdizione perché solo con essa si vedrà nella formula in parola la testimonianza chiave della derivazione del potere episcopale giurisdizionale dal Papa. Ad ogni modo nell' "età gregoriana", e successivamente, gli stessi testi ps. isidoriani, staccati dal loro contesto, saranno presentati più che con un fine immediato di difesa dell'episcopato piuttosto come mezzo e strumento efficace per la necessaria centralizzazione in vista della "riforma".

L'impronta riformatrice di Trento

Per Trento, comunque, i due pilastri della Chiesa cattolica riformata, sono i Vescovi alla testa delle diocesi e i parroci nelle parrocchie, mentre tutta l'istituzione ecclesiastica è orientata nella

11

prospettiva della salvezza delle anime. In sintesi si può dire che «il Concilio di Trento è un prodotto della riforma cattolica almeno quanto ne è stata la guida».

Rifacendomi qui ad una importante *Lectio magistralis* di P. Ghirlanda, alla fine del suo mandato, rilevo che "nel Concilio di Trento la questione dell'origine e dell'esercizio della potestà dei vescovi fu trattata in relazione a due temi specifici, quello sulla natura del sacramento dell'ordine, quindi dell'episcopato, e quella dell'obbligo della residenza dei vescovi.

I sostenitori dell'origine immediata da Cristo della "potestas" di pascere vi legavano la possibilità di una vera riforma della Chiesa, perché basata sull'affermazione del diritto divino dell'episcopato e dell'obbligo, pure di diritto divino, di residenza dei Vescovi. L'aver i Padri conciliari alla fine rinunciato ad arrivare ad una decisione circa la questione della derivazione della potestà di giurisdizione, ci fa concludere che comunque il Concilio respinse la posizione che si dovesse affermare l'origine immediata da Cristo della loro potestà di giurisdizione, per arrivare all'affermazione della propria dignità e del dovere di pascere il popolo di Dio.

Anche il Papa non spinse più nel senso della dottrina dell'origine mediata. Infatti, il Concilio poté decidere circa il sacramento dell'ordine e circa il dovere di residenza del Vescovo anche senza stabilire la derivazione immediata o mediata della potestà di giurisdizione dei Vescovi.

Per l'altra componente del binomio inscindibile primato-episcopato (sinodalità, collegialità), che è il filo rosso di questa ricerca, si richiama una parola conclusiva: «La sfida di Lutero alla chiesa avveniva su due fronti: la dottrina e, appunto, la riforma (*fides et mores*), però fu presto riconosciuto che i due argomenti erano strettamente collegati, il che portò alla soluzione sensata di occuparsi della dottrina e della riforma in contemporanea… ma andò a finire che il Concilio rivolse i suoi sforzi principali alla riforma dei Vescovi e dei Sacerdoti, con un'attenzione particolare ai primi».

Da notare che [a Trento] «l'unità nel binomio "primato-collegialità" si rese manifesto anche nella seduta di chiusura, durante la quale tutti i canoni e i decreti votati sotto Paolo III, Giulio III e Pio IV vennero riletti e approvati in blocco. L'opera del Concilio tridentino forma dunque un insieme indivisibile … Gli stessi Padri conciliari avevano consegnato tutta la loro opera al Pontefice romano per l'approvazione e la conferma. Anche questo si vede come espressione di quel binomio che sottostà alla trama della presente sintesi.

L'impronta riformatrice al Vaticano I

Non voglio tralasciare nemmeno un riferimento conveniente al Concilio Vaticano I, in questa mia pur breve storia di espressioni di riforma nella Chiesa nel corso del tempo, sempre tenendo presente quel binomio "primato-sinodalità (collegialità)" inscindibile, anche se di fatto avvenimenti bellici (la presa di Roma) impedirono l'esame di quanto preparato per non renderlo sbilanciato. Lo studio, la definizione e la promulgazione del primato di giurisdizione del Vescovo di Roma e della sua infallibilità *ex cathedra* avevano lasciato in verità un vuoto che fu colmato dal Vaticano II. Esso è stato dunque felicemente riequilibrato, quanto all'episcopato, finalmente nel secolo scorso.

L'interruzione non permise cioè, come ricorda Ghirlanda, «di raggiungere l'intento di considerare anche il ministero e la potestà dei Vescovi. Così di essi tratta solo indirettamente in relazione al primato del Romano Pontefice la costituzione *Pastor aeternus*. Volendo il Concilio definire la sua potestà come *vere episcopalis*, Mons. Zinelli, relatore della Deputazione della Fede, qualifica la giurisdizione episcopale in genere come "pascere gregem". Ciò che interessava affermare era il non contrasto tra le due giurisdizioni, del Romano Pontefice e quella del Vescovo diocesano [rispettivamente], sugli stessi fedeli di una diocesi, perché quella del Vescovo, ad essa limitata, è subordinata a quella del Romano Pontefice. Tuttavia, i

Vescovi "tamquam veri pastores assignatos sibi greges singuli singulos pascunt et regunt" e la loro potestà sulla loro diocesi non è diminuita da quella del Romano Pontefice, ma anzi da questi "asseratur, roboretur ac vindicetur" (DS 3061). Infatti le prerogative dei Vescovi sono di diritto divino, quindi non possono essere soppresse o ignorate dal Romano Pontefice, il cui potere, come dichiarava Mons. Zinelli, non è assoluto, ma limitato dal diritto divino naturale e rivelato, quindi dalla costituzione della Chiesa data da Cristo stesso, dalla dottrina definita e anche dalle leggi ecclesiastiche, sebbene in quest'ultimo caso in modo meno stringente. In tal modo la potestà dei Vescovi non è né eliminata né diminuita dalla potestà primaziale del Romano Pontefice, perché egli interviene solo *in peculiaribus adiunctis*, quando lo richieda il bene della Chiesa, sia particolare che universale».

Se il Concilio non fosse stato interrotto sarebbe stato discusso lo schema di una *Constitutio secunda de Ecclesia Christi*, preparato da J. Kleutgen. In esso la potestà dei Vescovi non è più detta "immediata" proprio per evitare l'equivoco che con questo termine si intendesse che essa proviene direttamente da Dio. Infatti, in tale schema si afferma espressamente che la potestà dei Vescovi viene conferita dal Papa, ma questo non nega che l'episcopato sia di istituzione divina e i Vescovi ricevono una potestà ordinaria e propria.

Riforma e rinnovamento
nella continuità dell'unico soggetto Chiesa:
il Vaticano II

Ma veniamo alla riforma–rinnovamento frutto del Concilio Vaticano II, in gestazione oggi, per volontà fattiva di Papa Francesco, tenendo presente quanto qui riferito in precedenza del binomio oggetto del nostro studio.

A tale riguardo rimando fondamentalmente alla mia pubblicazione dello scorso anno, cioè "'La riforma e le riforme nella Chiesa'. Una risposta", il cui titolo già richiama una precedente opera a cui appunto faccio un commento critico partendo da un apprezzamento, il seguente: «Al termine di una lettura attenta del grosso volume (di 615 pagine) "La riforma e le riforme nella Chiesa" della Ed. Queriniana, Brescia 2016, curato da Antonio Spadaro e Carlos María Galli (edd.), ci si troverà arricchiti poiché gli Autori che hanno partecipato a tale *joint venture* molto spesso prendono occasione dal loro intervento per farci conoscere tante cose interessanti e belle, pur partendo dallo stesso tema della riforma».

Essi peraltro, situandosi tutti, o quasi, in una linea unidimensionale di riforma, con sottolineatura della sinodalità-collegialità, non tengono molto presente e non sviluppano l'altro polo del fondamentale binomio primato-sinodalità, cioè il primato, che nel suo aspetto conciliare ha costituito uno dei centri vitali e specifici di attenzione del Concilio Ecumenico Vaticano II, a me particolarmente caro e oggetto del mio lavoro di studioso da almeno 30 anni, certo in equilibrio con la collegialità, in linea peraltro con la sua ermeneutica corretta espressa finalmente da Benedetto XVI, ma in comunione di pensiero al riguardo dei due Papi conciliari e di quelli post, anche di Papa Francesco, cioè «non di rottura nella discontinuità, ma di riforma e rinnovamento nella continuità dell'unico soggetto Chiesa».

Qui tocchiamo direi il punto nevralgico del binomio primato-sinodalità (e anche collegialità, naturalmente) poiché lo sviluppo dogmatico nella Chiesa dev'essere organico e omogeneo per potersi accettare, certamente nella dottrina e aggiungerei *mutatis mutandis* anche nella prassi, nella vita.

Invece la parola che primeggia in questo libro, a cui facciamo riferimento, è "rivoluzione" e ciò mi pare si opponga proprio a uno sviluppo non solo organico (questo si dice una volta) ma omogeneo. Del resto Papa Francesco applica il termine "rivoluzione" all'evento fontale del Cristianesimo, il Signore Gesù e il suo Evangelo. Altrimenti si corre il rischio di precipitare in quel vortice di rottura che cattolico non è.

Di fronte al compito ingrato di critica sia pur costruttiva, mi incoraggia propria l'ultima battuta del contributo posto alla fine del volume (p. 589), quello di Víctor Manuel Fernández: «Non sempre quando vi è un conflitto nella Chiesa ciò è male, ma talora si tratta delle tensioni proprie che esistono tra persone oneste e sincere, che rispondono alla volontà di Dio portando il proprio contributo a questo mondo. Lo Spirito cerca e diffonde la comunione, ma ciò non esclude una diversità a volte dolorosa e piena di tensioni, e in ogni caso orientata a raggiungere sintesi superiori». E per questo, poco prima, il Rettore dell'Università di Buenos Aires dichiarava: «Anche la nostra preoccupazione per la riforma ha bisogno di avere uno stile evangelico e uno spirito. In primo luogo deve situarsi all'interno della dinamica dell'autotrascendenza e orientarsi realmente al popolo non basandosi su un autocompiacimento ribelle, ma su una convinzione generosa». Ciò implica «un'umiltà aperta alla verità, che richiede di saper accogliere altre preoccupazioni legittime, anche quelle dei settori conservatori» (p. 588), io direi tradizionali. Ad ogni modo è ben detto.

Il mio procedere è stato, come al solito, quello di presentare alcuni passi per me più significativi degli Autori, anche quelli da cui divergo, specialmente per il situarmi – è mia caratteristica – nella storia, ermeneutica e ricezione del Vaticano II. Sono come tre gradini, di cui nessuno può essere saltato.

Le grandi linee dell'opera sono le seguenti: Parte Prima: La riforma "missionaria" della Chiesa, Popolo di Dio in cammino, il rinnovamento della Chiesa oggi alla luce del Concilio Vaticano. Parte Seconda: Le lezioni della storia circa la riforma della Chiesa. Parte Terza: La comunione sinodale come chiave del rinnovamento del Popolo di Dio. Parte Quarta: Le riforme delle Chiese particolari e della Chiesa universale. Parte Quinta: L'unità dei cristiani e la riforma della Chiesa. Parte Sesta: Verso una Chiesa più povera, fraterna e inculturata. Parte Settima: Lo Spirito e la spiritualità nella riforma evangelica della Chiesa.

Anche solo dalla indicazione di tali linee di fondo potete costatare che nel grosso volume di primo riferimento, e nella mia conseguente critica, la riforma voluta, suggerita, abbraccia tutti i grandi documenti, conciliari e il loro spirito, che è incarnato in questa materia, cioè i testi: materia e spirito vanno insieme.

In questa prospettiva ho citato qualche volta, nel mio ultimo libro, l'intervento di Papa Francesco ai Padri sinodali, nella loro prima Congregazione generale della III Assemblea generale straordinaria, che è pure una risposta a posizioni emerse nel libro di mio riferimento: "La Chiesa universale e le chiese particolari sono di istituzione divina; le chiese locali così intese sono di istituzione umana… il Sinodo si svolge *cum Petro et sub Petro*".

Per essere sincero, vedo invece nei testi degli esperti da me considerati un desiderio diffuso di affievolimento dell'aspetto divino con prevalere dell'umana tendenza oggi. E questo vale anche per la visione dell'episcopato implicito alle posizioni ostili ai Vescovi titolari. Esse sono contrarie ai testi conciliari poiché un presbitero è costituito membro del corpo episcopale in virtù della consacrazione sacramentale e mediante la comunione gerarchica col Capo del Collegio e con le membra» (Cfr. *L.G.* n. 22, par. 1, in fine). Nell'ultimo Concilio prevale cioè la visione universale rispetto al legame a una Chiesa particolare, superando l'odierna animosità esacerbata all'episcopato a servizio dell'universale.

In effetti perché si abbia la libera potestà [e non solamente l'ufficio ("munus")] deve accedere la canonica missione, o giuridica determinazione, da parte dell'autorità gerarchica. E questa determinazione della potestà può consistere nella concessione di un particolare ufficio o nell'assegnazione dei sudditi, ed è concessa secondo le norme approvate dalla suprema autorità.

Bisognerebbe qui inserire, ispirandomi per la terza volta alla *Lectio magistralis* del P. Ghirlanda, la considerazione della dottrina dell'origine non sacramentale della potestà di insegnare e di governare nel contesto collegiale che è la seguente:

«Certamente, come l'ufficio di Pietro persevera nella persona del Romano Pontefice, per cui direttamente da Cristo è conferita a questi la *plenitudo potestatis* del Primato, così persevera l'ufficio del Collegio Apostolico nell'ufficio del Collegio Episcopale, per cui anche al Collegio è conferita direttamente da Cristo la piena e suprema potestà. Tuttavia, per il costituirsi del Collegio come tale, è necessario un atto diretto o indiretto del Romano Pontefice, perché lo formano solo i Vescovi consacrati legittimamente, che così sono nella comunione gerarchica, cioè quelli legittimamente nominati e consacrati con il mandato pontificio, se non è lo stesso Pontefice a consacrarli (cann. 1013; 1382). Si hanno così due soggetti della piena e suprema potestà nella Chiesa, il Romano Pontefice solo [personalmente] e il Collegio Episcopale che [pur] sempre comprende in sé il Romano Pontefice (*LG* 22b; cann. 331; 333§1; 336), ma inadeguatamente distinti, perché il Papa per agire non ha bisogno del consenso dei Vescovi, mentre il Collegio non può agire senza il consenso del Romano Pontefice, che dall'interno del Collegio stesso manifesta la comunione dei Vescovi con lui e dei Vescovi tra di loro, quindi l'unità di tutto l'episcopato e di tutta la Chiesa (*LG* 22b; *N.E.P.* 3; 4; cann. 331; 341)...

Il Vescovo che è membro del Collegio perché è nella comunione gerarchica, *ipso iure* partecipa alla potestà universale di magistero e di governo del Collegio, che non può esercitare personalmente, ma solo insieme a tutti gli altri vescovi negli atti collegiali (can. 337). Conseguentemente riceve l'ufficio di capitalità della Chiesa particolare o qualsiasi altro ufficio, con la potestà particolare a questo annessa (can. 131 §1)».

Importanza teologica e storica dei concili dell'era moderna circa il binomio inscindibile primato - collegialità (sinodalità)

(In occasione della mostra su "I Papi dei concili nell'era moderna.
Arte, storia, religiosità e culture")

Nell'introduzione alla sua *Storia dei Papi da Pietro a Giovanni Paolo II* (Laterza, Bari 1992, p. 6) il noto medievista tedesco H. Fuhrmann, Presidente, a suo tempo, di *Monumenta Germaniae Historica*, si domanda cosa è «questo papato, che sembra agli uni un modello di sapienza politica degno di imitazione, agli altri l'incarnazione di una missione divina». Ed egli dà una sua risposta, nella prima parte, sul papato come istituzione, e poi, nella seconda, sulle persone, sulle figure dei pontefici più eminenti, perché «una storia del papato è al tempo stesso una storia dei papi» (*Storia dei Papi*...ibidem, p. 6). Così scrivevo all'inizio del mio contributo al volume *I Papi della speranza. Arte e religiosità nella Roma del '600* (Gangemi Editore, Roma 2014 p. 17).

Per avvicinarci alla storia dei Vescovi di Roma, tali sono i Papi, nel fuoco dell'obiettivo di questa nostra Mostra, varrà forse ricordare ancora quanto scriveva Fuhrmann a proposito di Lutero, che causò l'uragano precedente l'epoca da noi scelta, nel 2014, per illustrare il papato da Gregorio XIII a Clemente IX e da ciò il titolo:

"I papi della speranza". Dopo lo sconquasso che giunge all'inimmaginabile terribile sacco di Roma – esso riduce la sua popolazione a 32000 anime, mentre al tempo di Leone la città contava 85.000 abitanti – rinasce lentamente la speranza, quella piccola sorella speranza – come scrive Péguy – che conduce le sue sorelle maggiori, la fede e la carità, in quel mattino pasquale in cui si fecero già nuove tutte le cose *in spe*.

Ecco il testo del Fuhrmann, non cattolico, a proposito di Lutero, in risposta alla domanda se «fu la miopia papale a produrre un evitabile incidente di percorso della storia europea» (*Storia dei Papi...* p. 103): «al di là di tutti i discorsi ecumenici dei nostri giorni, non va dimenticato che il concetto della Chiesa proprio di Lutero, il suo rifiuto della Tradizione, il suo disconoscimento delle decisioni dei concili generali, la sua contestazione del ruolo normativo e di controllo della fede del papato romano, per citare solo qualche punto, erano indiscutibilmente madornali eresie».

IL CONCILIO DI TRENTO

Con esso, il primo dell'era moderna, inizia un modello di Cattolicesimo appunto tale, più popolare, clericale con una esaltazione della Chiesa romana.

E qui consideriamo **Paolo III** Farnese, il primo tra i Papi dei concili in questione, di Trento e Vaticani, che convoca finalmente il Sinodo ecumenico in parola, rinnova il collegio cardinalizio mediante la nomina di personalità riformatrici, riforma gli ordini religiosi e dà approvazione ai Gesuiti (v. E. ISERLOH, *Storia dei Papi*, p. 451).

Nel collegio dei cardinali entrano senza eccezione uomini religiosi, colti e fautori della riforma della Chiesa come Gasparo Contarini, Giovanni Fisher, Girolamo Aleandro, Gian Pietro Carafa, Jacopo Sadoleto, Marcello Cervini e Giovanni Morone. In tale contesto ricordiamo il memoriale *Consilium de emendanda Ecclesia* ispirato soprattutto dal Contarini e consegnato al Papa il 9 marzo 1537. Fu il documento più importante della volontà di riforma della Curia. Come radice del male si consideravano gli eccessi raggiunti della teoria papale (cfr. H. JEDIN, *Il Concilio di Trento*, I, p. 339). Il 13 dicembre 1545 il Sinodo di riforma poté iniziare nel duomo di Trento. Alla sua guida furono posti tre Legati Pontifici, i cardinali Giovanni del Monte, Marcello Cervini e Reginald Pole. Per mezzo di corrieri essi si mantenevano in contatto con il Papa e 'controllavano' il Concilio, con l'impegno di preservarlo da contaminazioni conciliariste. Ma si dovette trasferirlo a Bologna.

Per la dimensione artistica del pontificato paolino, in connessione con l'attenzione della nostra Mostra, non posso tralasciare di ricordare che Paolo III fu un distinto promotore dell'arte e dell'architettura, prendendo al proprio servizio Michelangelo. Gli si devono in questo periodo gli affreschi del giudizio universale nella Sistina e la conversione di Paolo e la crocifissione di Pietro nella cappella Paolina. Dopo la morte, poi, di Antonio Sangallo,

Michelangelo fu anche all'opera per la continuazione della costruzione del Palazzo Farnese e della Basilica di San Pietro.

Pur menzionando soltanto, qui, gli altri due Papi conciliari, legati a Trento, cioè **Giulio III** (Giovanni Maria Ciocchi del Monte) – in precedenza presidente del Sinodo ecumenico tridentino – e **Pio IV** (Giovanni Angelo Medici di Merignano, zio di Carlo Borromeo), che lo conclude, mi pare siano già presenti alla mente del nostro lettore gli elementi di giudizio che mi spingono a fare una scelta circa il taglio che voglio dare a questo mio intervento.

In effetti mi è impossibile materialmente affrontare i vari temi che metterebbero in rilievo globalmente l'importanza teologica e storica dei Concili dell'era moderna, per cui debbo ridurre ai minimi termini ragionevoli il mio impegno illustrando, in termini di riforma, solo la relazione Papato-Episcopato, meglio "Primato e collegialità o sinodalità" nei Concili Vaticani, oltre che in quello Tridentino.

È in fondo la considerazione di quel binomio inscindibile "primato e sinodalità" che nel contesto della riforma, oggi in atto nella Chiesa cattolica grazie all'impegno generoso e allo stimolo di Papa Francesco, ha offerto lo spunto e dato origine al mio ultimo libro dal titolo '*La riforma e le riforme nella Chiesa*'. *Una risposta*, L.E.V., Città del Vaticano 2017.

Costateremo così la continuità della presenza della riforma e del rinnovamento dell'unico soggetto Chiesa, anche nel corso degli ultimi cinque secoli, diciamo, nell'asse portante della comunione gerarchica ecclesiale. E siamo così immersi nell'attualità e al tempo stesso nella storia e teologia, grazie alla nostra Mostra. A questo proposito non voglio tralasciare di rilevare

L'appello riformatore di Trento

Per esso i due pilastri della Chiesa cattolica riformata sono i Vescovi alla testa delle diocesi e i parroci nelle parrocchie, mentre tutta l'istituzione ecclesiastica è orientata alla prospettiva della salvezza delle anime. In sintesi si può così dire che «il Concilio di Trento è un prodotto della riforma cattolica almeno quanto ne è stata la guida».

Rifacendomi qui ad una importante Lectio magistralis di P. Ghirlanda, S.J., alla fine del suo mandato, rilevo che "nel Concilio di Trento la questione dell'origine e dell'esercizio della potestà dei Vescovi fu trattata in relazione a due temi specifici, quello sulla natura del sacramento dell'Ordine, quindi dell'Episcopato, e quello dell'obbligo di residenza dei Vescovi.

I sostenitori dell'origine immediata da Cristo della "potestas" di pascere vi legavano la possibilità di una vera riforma della Chiesa, perché basata sull'affermazione del diritto divino dell'Episcopato e dell'obbligo di diritto divino di residenza dei Vescovi. L'aver i Padri conciliari alla fine rinunciato ad arrivare ad una decisione circa la questione dell'origine della potestà di giurisdizione, ci fa concludere che comunque il Concilio respinse la posizione che si dovesse affermare la derivazione immediata da Cristo di tale loro potestà per arrivare all'affermazione della propria dignità e del dovere di pascere il popolo di Dio.

Anche il Papa così non spinse più nel senso della dottrina dell'origine mediata. Dunque, il Concilio poté decidere circa il sacramento dell'Ordine e il dovere di residenza del Vescovo anche senza stabilire l'origine immediata o mediata della sua potestà di giurisdizione.

Per l'altra componente del binomio inscindibile primato-episcopato (sinodalità, collegialità), che è il filo rosso che ci interessa, richiamo una parola conclusiva: «La sfida di Lutero alla Chiesa avveniva su due fronti: la dottrina e, appunto, la riforma (*fides et mores*), però fu presto riconosciuto che i due argomenti erano strettamente collegati, il che portò alla soluzione sensata di occuparsi della dottrina e della riforma in contemporanea. Andò peraltro a finire che il Concilio rivolse i suoi sforzi principali per attuare la riforma dei Vescovi e dei Sacerdoti, con un'attenzione particolare ai primi».

Da notare che a Trento «d'unità nel binomio "primato-collegialità" si rese manifesto pure nella seduta di chiusura, durante la quale tutti i canoni e i decreti votati durante i pontificati di Paolo III, Giulio III e Pio IV vennero riletti e approvati in blocco. L'opera del Concilio tridentino forma dunque un insieme indivisibile ... Gli stessi Padri conciliari avevano consegnato tutta la loro opera al Pontefice romano per approvazione e conferma e anche questo si può vedere come espressione dell'anzidetto binomio che sottostà alla trama del presente studio.

IL CONCILIO VATICANO I

Un altro Papa legato a un concilio dell'era moderna, il Vaticano I, è il beato **Pio IX**, Giovanni Maria Mastai Ferretti, di Sinigallia (v. K. SCHATZ, *Storia dei Papi*, p. 604-628; i volumi di G. MARTINA, appunto su *Pio IX*; M. MACCARRONE, *Il Concilio Vaticano I e il giornale di Mons. Arrigoni*; R. AUBERT, *Vatican I*, e A. MARCHETTO, *Il Concilio Ecumenico Vaticano II. Contrappunto per la sua storia*, p. 32s., 38s., 50s., 267s., 272ss., 322).

"Zelo pastorale, spontaneità umana, capacità di contatto ma anche organizzativa e attitudini di comando furono i talenti che fecero di Pio IX un uomo adatto alla più alta carriera ecclesiastica". In ogni caso aveva una psicologia complessa e vi fu un netto rifiuto, per la missione universale del papato, a prendere parte alla guerra contro l'Austria. "Questa presa di posizione determinò la fine del mito di Pio IX 'liberale', ma anche del sogno neoguelfo".

Nel campo strettamente ecclesiale Pio IX ha concepito la riforma in una direzione che non è, ad esempio, quella auspicata dal Rosmini (nei cui confronti però il Papa provò costante simpatia, tanto da salvare le sue tesi filosofiche dalla messa all'Indice). Egli sostenne quindi un processo di centralizzazione ecclesiale e la crescita di un forte legame religioso dei cattolici con il papato. Date memorabili furono durante il suo pontificato la definizione nel 1854 dell'Immacolata Concezione e nel 1867 l'anniversario dei 1800 anni del martirio di Pietro e Paolo a Roma.

Pio IX si guadagnò una popolarità e una venerazione quale non fu riservata a nessun pontefice prima di lui, ma è soprattutto il Papa del Concilio Vaticano I del 1869-70 e della definizione dell'infallibilità pontificia.

L'aspetto riformatore del Vaticano I

Non possiamo a questo punto nemmeno tralasciare un riferimento riformistico a tale Concilio, in questa pur breve storia di espressioni di riforma nella Chiesa nel corso del tempo, sempre tenendo presente quel binomio "primato-sinodalità (collegialità)" inscindibile, anche se di fatto avvenimenti bellici (la presa di Roma) impedirono l'esame dei testi preparati per non renderlo sbilanciato. Lo studio, la definizione e la promulgazione del primato di giurisdizione del Vescovo di Roma e della sua infallibilità *ex cathedra* avevano lasciato in verità un vuoto che fu colmato dal Vaticano II. Esso è stato dunque felicemente riequilibrato, quanto all'Episcopato, finalmente nel secolo scorso.

L'interruzione non permise cioè, come ricorda P. Ghirlanda, «di raggiungere l'intento di considerare anche il ministero e la potestà dei Vescovi. Così di essi tratta solo indirettamente, in relazione al primato del Romano Pontefice, la costituzione *Pastor aeternus*. Volendo il Concilio definire la sua potestà come *vere episcopalis*, Mons. Zinelli, relatore della Deputazione della Fede, definisce la giurisdizione episcopale in genere come *pascere gregem*. Ciò che interessava affermare era le non esistenze di un contrasto tra le due giurisdizioni, del Romano Pontefice e del Vescovo diocesano, sugli stessi fedeli di una diocesi, perché quella del Vescovo, ad essa limitata, è subordinata a quella del Romano Pontefice. Tuttavia, i Vescovi *tamquam veri pastores assignatos sibi greges singuli singulos pascunt et regunt* e la potestà sulla loro diocesi non è diminuita da quella del Romano Pontefice, ma anzi da questi *asseratur, roboretur ac vindicetur* (DS 3061). Infatti le prerogative dei Vescovi sono di diritto divino, quindi non possono essere soppresse o ignorate dal Romano Pontefice, il cui potere, come dichiarava Mons. Zinelli, non è assoluto, ma limitato dal diritto divino naturale e rivelato, quindi dalla costituzione della Chiesa data da Cristo stesso, dalla dottrina definita e anche dalle leggi ecclesiastiche, sebbene in quest'ultimo caso in modo meno stringente. In tal modo la potestà dei Vescovi non è né eliminata né diminuita dalla potestà primaziale del Romano Pontefice, perché egli interviene solo in *peculiaribus adiunctis*, quando lo richieda il bene della Chiesa, sia particolare che universale».

Il Concilio, senza interruzione, avrebbe dunque discusso lo schema di una *Constitutio secunda de Ecclesia Christi*, preparato da J. Kleutgen. In esso la potestà dei Vescovi non era più detta "*immediata*" proprio per evitare l'equivoco che con questo termine si intendesse che proviene direttamente da Dio. Infatti, in tale schema si affermava espressamente che la potestà dei Vescovi è conferita dal Papa, ma ciò non negava che l'Episcopato sia di istituzione divina e i Vescovi ricevessero una potestà ordinaria e propria.

IL CONCILIO VATICANO II

Giungiamo ora al Vaticano II, a Papa **Giovanni XXIII**, che lo convocò, con invito a riprendere in mano i testi conciliari, come base conveniente alla introduzione storica-teologica della Mostra. E mi punge vaghezza di chiamare a condurci ad essi pure un RONCALLI MARCO, con il suo volume *Giovanni XXIII, Angelo Giuseppe Roncalli, Una vita nella storia*, e ciò per aver l'Autore intessuto la sua ricerca scientifica con la parola stessa del Papa buono, come si diceva, ripresa soprattutto dai suoi diari. Così abbiamo, in fondo, una biografia roncalliana inserita nel contesto storico, anzi si potrebbe giungere a dire che di autobiografia si tratta.

Poiché su colui che veniva "dal caro nido di Sotto il Monte, in cui si faticava per sopravvivere", la bibliografia è importante, rimando ad esse negli indici degli Autori, con relativi richiami in testo alla voce Roncalli A., di due miei volumi, il primo su *Il Concilio Ecumenico Vaticano II*, con il sottotitolo *Contrappunto per la sua storia* e il secondo *Per la sua corretta ermeneutica*, con l'aggiunta de *Il 'Diario' conciliare di Monsignor Pericle Felici* pubblicato per mia cura.

Rammento altresì, per i caratteri della spiritualità roncalliana, il ruolo del prozio Zaverio e del parroco don Francesco Rabuzzini, accanto a quello del padre e della madre, con memoria dell'essere il futuro Papa francescano "da tanto tempo" e della società in cui viveva (caratterizzata con scene di tanti emigranti che tentano un'altra vita in una nuova terra promessa dove potersi sfamare e sfuggire la povertà assoluta e la pellagra. Che bello qui quel dire giovanneo "Vengo dall'umiltà. Fui educato a una povertà contenta e benedetta che ha poche esigenze e protegge il fiorire delle virtù più nobili e alte e prepara alle elevate ascensioni della vita". Fu così per lui. "*La pietas* era popolare, la pratica religiosa intensa, con una certa armonia tra natura e sopra natura, con fiducia nella provvidenza di Dio". Però matura in Angelino la coscienza di essere membro della Chiesa universale... che non contraddice il suo diventare poi il papa più "provinciale" dei tempi moderni.

Ma il piccolo Roncalli va finalmente a scuola e si distacca dalla famiglia. Iniziano gli studi e si incontra con la figura di Carlo Borromeo, che diverrà una "compagnia" sulle tante scrivanie della sua vita (per i suoi *Atti* della visita apostolica a Bergamo). Nel 1892 è quindi ammesso in prova, in seminario, "a Bergamo, dove per 7 anni passerà attraverso esperienze di solitudine e ordinarietà".

È lì che nasce il Giornale dell'anima dove appare già un metodo di ricerca della santità e da lì avanza nelle tappe verso il Presbiterato, ben aiutato dall'*Imitazione di Cristo*, della *devotio moderna*, che lo porterà poi ad approfondire la Bibbia e i Padri della Chiesa, a privilegiare le fonti dirette della vita ecclesiale. In ogni caso c'è in lui una certa 'ingordigia' per lo studio e 'il culto della pazienza'. Scopre anche per la prima volta Roma e Loreto, ma appare già un'ulteriore novità: va a studiare al Seminario Romano (all'Apollinare).

Il lettore si domanderà perché mi sono attardato su questi primi anni della vita del futuro Giovanni XXIII. Penso che potrebbe rispondere lui stesso, conoscendo il dopo. Vi sono qui infatti i principali colori della tavolozza che distingueranno l'intera sua vita, la sua immagine, in un seguito di "*oboedientia et pax*", il suo motto.

Facciamo, noi, qui un salto che non è mortale, dopo quanto sopra scritto, e rileviamo che dopo undici scrutini, in quattro giorni, il Patriarca di Venezia è Papa e arriva una decisione sua, che in questo caso è sì storica, l'indizione di un Concilio che del resto la sua conoscenza della storia portava a considerare "cosa abbastanza normale". Comunque lo stesso Cardinale Ruffini scrisse di aver sussurrato al Pontefice la sua necessità già al primissimo inizio del Pontificato.

Arriviamo, dunque, con l'aggancio al tema di questo mio intervento che mi domanda, prima della trattazione "primato e sinodalità", binomio inscindibile che abbiamo indicato come filo rosso del nostro dire, di presentare, – lo abbiamo fatto con Roncalli –, l'altro Papa del Vaticano II, colui che felicemente lo concluse, portando i Padri sinodali all'accettazione, si può dire unanime, dei testi approvati, dopo che essi ne fecero "un martire" del Magno Sinodo (la definizione è del Cardinale König).

Intendo il beato **PAOLO VI**, in procinto di essere quest'anno canonizzato, Giovanni Battista Montini. Potrei scegliere qui di far accompagnare i nostri lettori a scoprirlo un noto giornalista, ma con i baffi dello storico e un po' pure del teologo, Andrea Tornielli, autore del volume *Paolo VI. L'audacia di un Papa* (v. la mia lunga recensione critica dell'opera sua in *Il Concilio Ecumenico Vaticano II. Per la sua corretta ermeneutica*, p. 57-77). Per la presentazione della ricca bibliografia di **Papa Montini**, attraverso il filtro della mia analisi, vedasi invece la voce 'Paolo VI' da considerare, nell'indice degli Autori, dello stesso mio volume con quasi 250 richiami, e in quello del mio *Contrappunto per la sua storia*, che ne ha più di 200.

Preferisco, invece, dare la parola ad uno storico già, prematuramente, passato a miglior vita. E così decido perché il suo *Paolo VI, il papa che baciò la terra* è di valore (v. lo stesso *Contrappunto per la sua storia*: p. 216-222). In effetti l'opera sua non è uno "schizzo biografico", come egli afferma umilmente, ma ha l'intenzione di "aiutare a superare la barriera dell'incomprensione". E questa è la verità: fu incompreso, Paolo VI, nonostante i giravolta di coloro che l'offesero e lo denigrarono, definendolo "affossatore del Concilio" e che ora cambiano musica ma senza pentimento e confessione riparatrice.

La premessa del libro così si chiude: "sforzarsi di cogliere le ragioni di un grande spirito è un gesto di *pietas*, l'unico che allo storico sia concesso, ed è una via per riconciliarsi con un passato che è così tanto vicino da non permettere sempre la equanimità dei giudizi".

E mi fermo per quanto riguarda questo libro, poiché penso utile richiamare altresì l'ultimo impegno sempre di ANTONIO ACERBI, apparso in un volume a cura di GIANNI GARZANIGA dal titolo *Giovanni XXIII e il Vaticano II. Atti degli Incontri svoltisi presso il Seminario vescovile di Bergamo (1998-2001)*, la cui lettura fu per me una gradita sorpresa per il modo in cui l'Acerbi trattava della "svolta" conciliare, poiché l'idea di svolta suppone continuità e rottura [per noi però non certo rottura, che invece ci sarebbe se la svolta fosse ad U]. Una strada che fa una curva è ancora la stessa strada… ma si cambia direzione, non si va però all'inverso.

Quindi nel termine 'svolta' noi abbiamo, in un certo senso, il rifiuto di un'immagine del Vaticano II come 'puro inizio'. La mia sorpresa fu causata, cioè, da una critica finalmente chiara e diretta all'interpretazione del Prof. Alberigo, della "Scuola" di Bologna per il quale invece dominante è l'idea del "puro inizio". Acerbi così continua: "Qualcuno di voi avrà avuto per le mani i primi volumi della sua Storia del Vaticano II e avrà notato una cosa stupefacente, cioè che essa comincia con la decisione del Papa di fare il concilio".

E a questo punto l'A. fa il paragone con la magistrale *Storia del Concilio Tridentino* dello JEDIN, che invece dedica il primo libro («ed è il più bello») proprio alla preparazione del Concilio. Ora Alberigo, suo allievo, è troppo avveduto perché si possa pensare – prosegue Acerbi – che si sia dimenticato di fare i cento anni dal Vaticano I al Vaticano II... Evidentemente è una scelta metodologica [noi invece l'abbiamo sempre definita ideologica], che corrisponde proprio a questa idea che la novità assoluta è data dalla personalità di Giovanni XXIII. Ci siamo. «Il criterio dell'Alberigo è in fondo *"post tenebras lux"*, dopo le tenebre, ecco la luce (cioè Giovanni XXIII). E ancora *"deinde tenebrae"* (e dopo di lui ancora le tenebre)». Infatti per tale Autore «Paolo VI è quello che ha ridimensionato a tal punto la prospettiva, da tradirla». Finalmente qualcuno lo accusa apertamente. Non sono dunque più solo ad affermarlo con chiarezza, contro venti e maree, e da ciò la nostra gradita sorpresa. Altre cose interessanti scrive Acerbi nel suo saggio, che vale la pena di leggere, sullo storico, sul teologo, sul filosofo... sul concilio («quando la Chiesa da periferia diventa centro»: p. 55), sulla Curia romana («con normale dialettica istituzionale, ed è fisiologica» e non con «ricostruzione storica stile western»). Continua l'A.: «certe ricostruzioni (storiche) mi danno davvero fastidio: ricostruiscono in bianco e nero... Alberigo è maestro, in questo!». In ciò ecco il giusto riconoscimento che «da minoranza ha avuto un suo ruolo indispensabile, e non necessariamente negativo» (p. 57). Dopo aver ventilato, come ipotesi, che per Giovanni XXIII l'idea di un «non governo» era «sostenuta da un'altissima concezione spirituale» (*ibidem*), Acerbi conclude: «ciò lo differenziò da Paolo VI e anche in questo caso avvenne quanto capita nel confronto tra Pio X e Benedetto XV». Non si può peraltro dire semplicemente – come fa l'A. – che «sulla costituzione iniziale del nucleo dei documenti [preparatori] Giovanni non intervenne».

E veniamo alla riforma–rinnovamento frutto del Concilio Vaticano II, in gestazione oggi, per volontà fattiva di Papa Francesco, tenendo presente quanto qui riferito in precedenza del binomio oggetto del nostro particolare interesse storico-teologico.

Riforma e rinnovamento nella continuità dell'unico soggetto Chiesa al Vaticano II

A tale riguardo rimando fondamentalmente alla mia pubblicazione dello scorso anno, cioè "*La riforma e le riforme nella Chiesa'. Una risposta*", il cui titolo già richiama una precedente opera a cui appunto faccio un commento critico partendo da un apprezzamento, il seguente: «Al termine di una lettura attenta del grosso volume (di 615 pagine) "*La riforma e le riforme nella Chiesa*" della Ed. Queriniana, Brescia 2016, curato da ANTONIO SPADARO e CARLOS MARÍA GALLI (edd.), ci si troverà arricchiti poiché gli Autori che hanno partecipato a tale *joint venture* molto spesso prendono occasione dal loro intervento per farci conoscere tante cose interessanti e belle, pur partendo dallo stesso tema della riforma».

Essi peraltro, situandosi tutti, o quasi, in una linea unidimensionale di riforma, con sottolineatura della sinodalità-collegialità, non tengono molto presente e non sviluppano l'altro polo del fondamentale binomio primato-sinodalità, cioè il primato, che nel suo aspetto conciliare ha costituito uno dei centri vitali e specifici di attenzione del Concilio Ecumenico Vaticano II, a me particolarmente caro e oggetto del mio lavoro di studioso da almeno 30 anni, certo in equilibrio con la collegialità, in linea peraltro con la sua ermeneutica corretta espressa finalmente da Benedetto XVI, ma in comunione di pensiero al riguardo dei due Papi conciliari e di quelli post, anche di Papa Francesco, cioè «non di rottura nella discontinuità, ma di riforma e rinnovamento nella continuità dell'unico soggetto Chiesa».

Qui tocchiamo, direi, il punto nevralgico del binomio primato-sinodalità (e anche collegialità, naturalmente) con il suo procedere nel tempo poiché lo sviluppo dogmatico nella Chiesa dev'essere organico e omogeneo per potersi accettare, certamente nella dottrina e aggiungerei *mutatis mutandis* anche nella prassi, nella vita.

Invece la parola che primeggia nel libro a cui facciamo riferimento, è "rivoluzione" e ciò mi pare si opponga proprio a uno sviluppo non solo organico (questo si dice una volta) ma omogeneo. Del resto Papa Francesco applica il termine "rivoluzione" all'evento fontale del Cristianesimo, il Signore Gesù e il suo Evangelo.

Altrimenti si corre il rischio di precipitare in quel vortice di rottura che cattolico non è.

Di fronte al compito ingrato di critica sia pur costruttiva, mi incoraggia proprio l'ultima battuta del contributo posto alla fine del volume (p. 589), quello dell'Arcivescovo Víctor Manuel Fernández: «Non sempre quando vi è un conflitto nella Chiesa ciò è male, ma talora si tratta delle tensioni proprie che esistono tra persone oneste e sincere, che rispondono alla volontà di Dio portando il proprio contributo a questo mondo. Lo Spirito cerca e diffonde la comunione, ma ciò non esclude una diversità a volte dolorosa e piena di tensioni, e in ogni caso orientata a raggiungere sintesi superiori». E per questo, poco prima, il Rettore dell'Università di Buenos Aires dichiarava: «Anche la nostra preoccupazione per la riforma ha bisogno di avere uno stile evangelico e uno spirito. In primo luogo deve situarsi all'interno della dinamica dell'autotrascendenza e orientarsi realmente al popolo non basandosi su un autocompiacimento ribelle, ma su una convinzione generosa». Ciò implica «un'umiltà aperta alla verità, che richiede di saper accogliere altre preoccupazioni legittime, anche quelle dei settori conservatori» (p. 588), io direi tradizionali. Ad ogni modo è ben detto.

Il mio procedere nell'analisi dell'opera di riferimento è stato, come al solito, quello di presentare alcuni passi per me più significativi degli Autori, anche quelli da cui divergo, specialmente per il situarmi – è mia caratteristica – nella storia, ermeneutica e ricezione del Vaticano II. Sono come tre gradini, di cui nessuno può essere saltato.

Le grandi linee dell'opera sono le seguenti: Parte Prima: La riforma "missionaria" della Chiesa, Popolo di Dio in cammino, il rinnovamento della Chiesa oggi alla luce del Concilio Vaticano. Parte Seconda: Le lezioni della storia circa la riforma della Chiesa. Parte Terza: La comunione sinodale come chiave del rinnovamento del Popolo di Dio. Parte Quarta: Le riforme delle Chiese particolari e della Chiesa universale. Parte Quinta: L'unità dei cristiani e la riforma della Chiesa. Parte Sesta: Verso una Chiesa più povera, fraterna e inculturata. Parte Settima: Lo Spirito e la spiritualità nella riforma evangelica della Chiesa.

Anche solo dall'indicazione di tali linee di fondo potete costatare che nel grosso volume a cui mi riferisco, e nella mia conseguente critica, la riforma suggerita, voluta, abbraccia tutti i grandi documenti, conciliari e il loro spirito, che è incarnato in questa materia, cioè i testi: materia e spirito vanno insieme.

In tale prospettiva ho citato qualche volta, nel mio ultimo libro, il discorso di Papa Francesco ai Padri sinodali, nella loro prima Congregazione generale della III Assemblea generale straordinaria, che è pure una risposta a posizioni emerse nel libro di mio riferimento: "La Chiesa universale e le chiese particolari sono di istituzione divina; le chiese locali così intese sono di istituzione umana… il Sinodo si svolge *cum Petro et sub Petro*".

Per essere sincero, vedo invece nei testi degli esperti da me considerati un desiderio diffuso di affievolimento dell'aspetto divino con prevalere dell'umana tendenza oggi. E questo vale anche per la visione dell'episcopato implicito alle posizioni ostili ai Vescovi titolari. Esse sono però contrarie ai testi conciliari poiché un presbitero è costituito membro del corpo episcopale in virtù della consacrazione sacramentale e mediante la comunione gerarchica col Capo del Collegio e con le membra» (Cfr. *L.G.* n. 22, par. 1, in fine). Nell'ultimo Concilio prevale cioè la visione universale rispetto al legame a una Chiesa particolare, superando l'odierna animosità esacerbata all'Episcopato a servizio dell'universale.

In effetti perché si abbia la libera potestà [e non solamente l'ufficio ("*munus*")] deve accedere la canonica missione, o giuridica determinazione, da parte dell'autorità gerarchica. E questa determinazione della potestà può consistere nella concessione di un particolare ufficio o nell'assegnazione dei sudditi, ed è concessa secondo le norme approvate dalla suprema autorità.

Bisognerebbe qui inserire, ispirandomi per la terza volta alla *Lectio magistralis* del P. Ghirlanda, il richiamo della dottrina dell'origine non sacramentale della potestà di insegnare e di governare nel contesto collegiale che è la seguente:

«Certamente, come l'ufficio di Pietro persevera nella persona del Romano Pontefice, per cui direttamente da Cristo è conferita a questi la *plenitudo potestatis* del Primato, così persevera l'ufficio del Collegio Apostolico nell'ufficio del Collegio Episcopale, per cui anche al Collegio è conferita direttamente da Cristo la piena e suprema potestà. Tuttavia, per il costituirsi del Collegio come tale, è necessario un atto diretto o indiretto del Romano Pontefice, perché lo formano solo i Vescovi consacrati legittimamente, che così sono nella comunione gerarchica, cioè quelli legittimamente nominati e consacrati con il mandato pontificio, se non è lo stesso Pontefice a consacrarli (cann. 1013; 1382). Si hanno così due soggetti della piena e suprema potestà nella Chiesa, il Romano Pontefice solo [personalmente] e il Collegio Episcopale che [pur] sempre comprende in sé il Romano Pontefice (*LG* 22b; cann. 331; 333§1; 336), ma inadeguatamente distinti, perché il Papa per agire non ha bisogno del consenso dei Vescovi, mentre il Collegio non può agire senza il consenso del Romano Pontefice, che dall'interno del Collegio stesso manifesta la comunione dei Vescovi con lui e dei Vescovi tra di loro, quindi l'unità di tutto l'episcopato e di tutta la Chiesa (*LG* 22b; *N.E.P.* 3; 4; cann. 331; 341)…

Il Vescovo che è membro del Collegio perché è nella comunione gerarchica, *ipso iure* partecipa alla potestà universale di magistero e di governo del Collegio, che non può esercitare personalmente, ma solo insieme a tutti gli altri vescovi negli atti collegiali (can. 337). Conseguentemente riceve l'ufficio di capitalità della Chiesa particolare o qualsiasi altro ufficio, con la potestà particolare a questo annessa (can. 131 §1)».

Ci sia permesso a conclusione di dare un colpo d'ala, citando Raffaello Morghen, e la sua propria difficoltà di risposta alla questione del senso della storia, presente, in modo emblematico, nel seguente passo: «Nella tradizione prendono corpo il senso stesso della storia e l'idea di civiltà nella quale si armonizzano le esperienze di vita consolidata nel tempo, le modificazioni genetiche del gusto e della sensibilità, le attività mentali e le istanza spirituali dell'uomo, non che le aspettative finali di rinnovamento, di riscatto e di salvezza, che formano il tessuto connettivo delle varie civiltà, nell'incessante processo del divenire umano, sì che la visione della storia oscilla continuamente nel grande alveo della tradizione tra l'idea del ritorno alle origini e le aspettative messianiche, tra ideali di riforma e l'avventura della rivoluzione, tra l'avvicendarsi di stagioni di rinascita e di decadenza, di evoluzioni e di rivoluzioni, di progetto e di crisi. È questo il grande quadro della civiltà umana, quale almeno lo conosciamo da poco più di 5000 anni, durante i quali la continuità della storia si svolge ininterrottamente, nell'incontro, nel confronto e nello scontro, tra le diverse culture dei popoli e la realtà millenaria della rivelazione religiosa giudaico-cristiana, che ha dato alla storia umana il suo essenziale significato teleologico» (RAFFAELLO MORGHEN, *Per un senso della storia. Storia e storiografia*, a cura di G. BRAGA e P. VIAN, Brescia 1983, p. 217). E quel "teleologico" finale mi ricorda che la storia ecclesiastica non è solo ricerca scientifica.

Mi si perdonerà altresì se aggiungo un'altra citazione finale di FRANCESCO ARNALDI, padre del medievista Girolamo, da me riscoperto per l'interesse che porto per il IV e V secolo. Su "*Le lotte religiose*", riferendosi a Girolamo che rappresenta, con Eusebio, la tendenza storico-erudita del pensiero cristiano. L'Autore afferma: "Non tentò sintesi grandiose, ma fu il più grande esegeta d'Occidente, e traduttore ed eremita non ebbe che l'unico desiderio di penetrare nel mondo dond'era sorto il Cristo, di conoscere integralmente la vita del Vecchio e Nuovo Testamento, e a quella realtà aderire con tutte le forze del suo spirito. Così dalla controversia trinitaria all'esegesi di Girolamo, è sempre la stessa intensità di vita religiosa, e nella concorde discordia dei vari atteggiamenti, s'afferma il potente equilibrio della Chiesa" (FRANCESCO ARNALDI, *Dopo Costantino. Saggio sulla vita spirituale del IV e V secolo*, Pisa 1927, p. 32), equilibrio che ammiro sempre e di nuovo.

"Chiesa e società nel Concilio Vaticano II: Jean Daniélou e Yves Congar".

La sfida missionaria

Giocando sulle assonanze, vi è in tedesco una bella affermazione: "denken ist danken", cioè "pensare è ringraziare". Poiché penso, e intensamente in questo mio nuovo incontro con l'affascinante Andalusia, dopo tantissimi anni, in una terra in cui vi è la sede titolare, che è la mia, di una famosa diocesi della Spagna romana baetica, Ecija, eccomi a ringraziare tutti e ciascuno per questo invito e per la vostra presenza. Naturalmente *in primis* il Sig. Arcivescovo Juan José Asenjo Pelegrina e il chiarissimo direttore del Centro di Studi Teologici di Siviglia.

Per cercare di mettere a fuoco le due figure scelte, Congar e Daniélou, per illuminarci nell'impegno di abbozzare il tema che ci è stato dato, in latino io lo esprimerei cosí: *Ecclesia ad intra* e *Ecclesia ad extra*, formula del cardinale Suenens, seguito dagli em.mi Lercaro e Montini e accettata da Papa Giovanni XXIII. Il filo rosso sarà dunque il magno Sinodo Vaticano, ecumenico, come sempre l'ho chiamato.

E volgerei l'analisi del Congar più sulla vertente Chiesa *ad intra* (" cosa dici Chiesa di te stessa? chiedeva Montini), considerando e sottolineando la continuità della presenza del Domenicano, creato poi cardinale, sulla scena storico-teologica ancora oggi. Dico storico-teologica tenendo presente quanto egli scrive nel suo diario: "Io non ho fatto ecclesiologia".

Durata di influenza sull'arena dello studio per il Congar.

Lo incontrai di fatto, per quel che mi concerne, in occasione della mia tesi di laurea su "Episcopato e Primato pontificio nelle decretali Pseudo Isidoriane. Ricerca storico-giuridica" sostenuta all'Università Lateranense nel 1968 che mi aprì a un susseguirsi di studi durante tutta la mia vita sullo stesso binomio[6]

Ma a cominciare dal Medio Evo[7] tralasciamo l'aspetto più personale, come lo è l'inizio e la decisione di indirizzo di specializzazione di studio, per dirigerci al Concilio verso il quale fui completamente dirottato nel 1990 dal Prof. Michele Maccarrone e in cui la presenza, il pensiero e l'opera del Congar furono rilevanti. Basterebbero a conferma le citazioni del suo nome nei due volumi fondamentali da me dedicati alla storia e poi all'ermeneutica conciliare[8], storia ed ermeneutica che sono due grandini che non si

---

[6] Mi limito ad indicare le mie citazioni del Congar in tale opera, che sono le più numerose, dopo quelle di P. Hinschius e precedono H. Fuhrmann: 86, 95, 97, 108, 116s., 127, 130s., 137, 141, 146ss., 172, 179s., 194, 196, 217, 225s., 231, 242, 249, 252, 263, 268, 270s., 274.

[7] Vedi AGOSTINO MARCHETTO, *Chiesa e Papato nella storia e nel diritto. 25 anni di studi critici*, Città del Vaticano, 2002, p. 18, 82, 85, 93s., 99, 102, 129, 159, 167, 237, 246, 249, 252, 258s., 273, 275, 278, 292, 309, 311, 319, 340, 348, 367, 372,374s., 380, 386, 390ss., 408.411, 445, 500, 502, 595, 605, 645 e 729.

[8] Rispettivamente AGOSTINO MARCHETTO, *Il Concilio ecumenico Vaticano II. Contrappunto per la sua storia*, o.cit., p. 5, 12, 94, 104, 107, 110, 115s., 129, 132, 134, 138s., 141, 143s., 146s., 149, 153, 155s., 158, 168, 172, 177, 186, 197, 202, 226, 228, 284, 299, 315ss., 318 ss., 321ss., 324-336, 345, 381, e IDEM, *Il Concilio ecumenico Vaticano II. Per la sua corretta ermeneutica*, o. cit., p.

possono saltare per arrivare alla autentica ricezione, argomento definito "pericoloso" dal Congar[9].

Veniamo però al suo diario conciliare testimone per eccellenza del suo contributo al magno Sinodo.

Brevemente perciò riprenderò qui alcuni passaggi, con legame al tema di questo intervento, del mio studio apparso in primis su *A.H.P.*[10], preceduti da alcune precisazioni di E. Maiheu, nell'introduzione, piuttosto realistiche quanto ai sentimenti del Domenicano e su punti scottanti di economia sinodale. Egli ha anche annotato bene l'opera, procedendo alle dovute e significative correzioni, più di una quarantina, basandosi sui documenti ufficiali, cioè gli *Acta Synodalia*. Ciò naturalmente va tenuto presente nella valutazione dei testi di quanti hanno iniziato presto a fare la storia del Vaticano II basandosi sui diari dei quali quello di Congar fu considerato "il re", ancor più perché lo stesso Maiheu non ha tenuto conto purtroppo degli ultimi indispensabili volumi riguardanti appunto tali "Acta" ma concernenti gli Organismi sinodali direttivi.

15, 18, 28, 30, 32s., 40, 52, 77, 99ss., 104s., 108, 116s., 119, 122, 128, 141, 153, 157s., 160, 169, 173, 186, 204, 218, 228s., 236, 245s., 249s., 255s., 258, 261, 270, 279, 285, 303, 308, 313, 317, 319, 321, 331, 338, 351, 353, 355.

[9] IDEM, ... *Per la sua corretta ermeneutica,* o. cit., p. 15, 18, 331. La questione della ricezione va distinta dall'efficacia, v. p. 28 e 204.

[10] Cfr. *A.H.P.* XLI (2003) p. 252-270, testo ripreso nel mio *Contrappunto per la sua storia,* o. cit., p. 320-336. Da esso traggo quanto segue per cui non richiamerò continuamente la fonte, pregando il lettore di consultarla "gradatim".

Inoltre spendo una parola veritiera anche *sull'Autore* di questo "Journal" che vi appare in tutta la sua grandezza e pochezza, o debolezza e fragilità, che dir si voglia, di personalità complessa assai. Infatti se da un lato egli risulta eccessivo, caustico, parolaio, ironico, sarcastico, feroce o senza pietà, nei giudizi sui suoi avversari, o presunti tali, nonostante tutto si manifesta, nello scritto, un uomo spirituale – diremmo – innamorato della povertà e della libertà, con vivissimo zelo per l'unità dei cristiani e quello che ritiene essere la verità.

Alberga poi in lui una certa frustrazione, vari rimpianti e dispiaceri per parecchie sue "impotenze" e delusione nell'azione, anche se egli afferma che "questo Concilio sarà stato largamente quello dei teologi".

Proprio per la considerazione di tali costanti "impotenze" ci sembra dunque peccare per eccesso quanto il Congar attesta circa il suo contributo ai testi Conciliari, cosa che del resto ha notato pure il Mahieu. Certo comunque che il contributo maggiore congariano è andato ai testi *"Ad gentes"* (e anche per questo una buona parte del nostro dire sarà ad esso dedicato) e a *"Presbyterorum Ordinis"*.

In ogni caso è apprezzabile che il Domenicano sia cosciente di consegnare allo scritto ciò che conosce della "piccola storia", in vista di "quella più grande". Ma è "piccola storia", la sua, molto interessante, anche per *i giudizi dell'Autore su vari personaggi conciliari e sul Magno Sinodo stesso*.

Mi limito a riportarne i miei sottotitoli ordinativi, con qualche citazione che ritengo più significativa. I giudizi sono formulati su Romani Pontefici, Padri sinodali (apprezzamento, critica, *mixed feelings*) e teologi presenti (con stessa divisione).

Sicuramente i rapporti Padri conciliari-Periti fu delicato, considerati anche i loro criteri e metodi di esame dei "modi", per esempio. In ogni caso il Domenicano ha parole di apprezzamento per la Commissione Teologica, "larga e accessibile" (specialmente in raffronto con le altre), anzi di lode, anche se alcune riunioni ebbero luogo senza i periti.

Fra i nodi sinodali nella visione congariana[11] ricordo anzitutto *la collegialità*. A questo riguardo è utile chiarire che quando il Domenicano si riferisce agli anti-collegiali, il termine va inteso, per molti di essi, nel senso di oppositori a un certo tipo di collegialità, e che egli stesso distingueva fra atti collegiali in senso stretto e largo. Per questo è utile specialmente seguire, nel diario, la questione della *Nota Explicativa Praevia* al III cap. della *Lumen Gentium*. A tale proposito il Congar non trova che essa sia contraria alla collegialità e alla dottrina, e questo ci fa capire, e ne avremo conferma, che non appartiene, nella maggioranza conciliare, a quella frangia estremista, al suo interno, che noi abbiamo identificato soprattutto nel Dossetti e, più tardi, in Alberigo.

---

[11] Vedi AGOSTINO MARCHETTO, *Contrappunto per sua storia*, o. cit., p. 329.

A questo proposito ricordo l'immagine (trasmessami da mons. Vincenzo Carbone, del Segretariato generale di mons. Pericle Felici) del Domenicano, seduto su un confessionale della Basilica di S. Pietro, con attorno un certo numero di Padri incerti nel procedere, a raccomandare: "Votate, votate! Poi penseremo noi teologi a interpretare la *Nota Explicativa Praevia*". Per Schillebeekx invece essa significava "l'eliminazione di una poco raccomandabile equivocità che era persino, in un certo senso, voluta, se mi è permesso – in questo momento – di esprimermi in modo chiaro ed energico"[12]

De Populo Dei

Legata in un certo senso alla questione gerarchica vi è l'introduzione nel primitivo schema *De Ecclesia* del capitolo *De populo Dei*. L'argomento, pur presentato e approvato dalla Commissione di coordinamento, per quanto riguarda la sua posizione, (dovrà esser posto avanti la Gerarchia, nella *Lumen Gentium*, per ragioni "pastorali ed ecumeniche" – secondo parole del card. Suenens) trova in Congar, e non solo, altre motivazioni. Ad ogni modo risulta evidente, dal diario, che il Popolo di Dio è "strutturato" (cioè ha la sua struttura gerarchica) e include la Gerarchia. Per questo non si dovranno quasi opporre i due relativi capitoli e dar valore di precedenza teologica ai numeri progressivi nel documento conciliare.

---

[12] *Ibidem*, p. 345.

In concomitanza, quasi, richiamiamo inoltre qui un insieme di passi del "diario", relativi alla *Chiesa dei poveri*, che se non ebbe l'onore di uno schema unico ad essa esclusivo, come perorato dal card. Lercaro, certamente fu uno dei poli di interesse del Congar. A lui fu chiesto infatti da Mons. Ancel, che per molto era nella cosa, di essere il suo "perito" teologico.

Successivamante ci piace rilevare, sempre in ossequio al tema assegnatoci, che la *causa dell'unità dei cristiani* risulta, dal diario, una costante dell'animo zelante del Congar, il quale del resto fu sempre un convinto ed antesignano ecumenista. Numerosissimi sono dunque i passi che vi si riferiscono, oltre a quelli collegati a personaggi "ecumenici", tutti rivelanti "mixed feelings". Sono Cullmann, Schlink, Schutz, Visser't Hooft e Barth.

E qui viene giusto rilevare *la Parola di Dio*, specialmente per quanto si riferisce alla relazione Sacra Scrittura-Tradizione, la *historia salutis* e la storicità dei Vangeli. I punti di vista dei Padri e dei componenti la relativa Commissione non erano poi così "opposti", anche se la questione della Tradizione costitutiva suscitò parecchi contrasti, almeno fintanto che il card. Bea decise di sostenere la posizione di Paolo VI.

Non mi inoltro nell'analisi sullo schema XVII, poi XIII, e quindi *Gaudium et Spes* perché lo lego all'altro omaggiato di oggi, il P. Daniélou, ma sí, prima di accennare ad aspetti di moderazione nelle posizioni congariane[13] – ne è esempio la collaborazione per le Missioni –, per fare "pendant", ricordo la raccomandazione di Papa Montini a mons. Felici di "seguire" periti ed esperti, manifestando, fra gli altri, al P. Congar un "disappunto papale"[14].

La mia analisi del diario in parola si conclude con *"Spunti d'avvenire"* che nel corso degli anni fino ad oggi hanno trovato eco, interesse e, come vedremo, sequela.

Dopo l'opera diaristica congariana credo opportuno ricordare, assieme al citato Felici, *il card. Suenens con le sue "Memorie"*[15] , molto di parte e da non prendere "storicamente", in modo stretto, ma come espressione di sentimenti ed impressioni ancora a fiume in piena, dove il Congar non manca[16] ed ora altresì il recente *"Inventaire"* delle *carte conciliari di Mons. A.-M. Charue*[17] con una presenza congariana ancora più rilevante[18].

Di epoca molto prossima al più grande avvenimento ecclesiale del secolo scorso è la *ottima collana "Unam Sanctam" (Ed. du Cerf)* di presentazione e commento dei testi conciliari nei quali per molto vi è la mano, la testa e lo spirito del Congar (il tutto è sotto la sua

---

[13] *Ibidem*, p. 332 ss.

[14] Cfr. VINCENZO CARBONE (†), *Il 'Diario' conciliare di Monsignor Pericle Felici*, a cura di AGOSTINO MARCHETTO, Città del Vaticano, 2015, p. 16.

[15] Vedi WERNER VAN LAER, (a cura di) *L.J. Cardinal Suenens. Mémoires sur le Concile Vatican II*, Leuven 2014.

[16] Vedi *ibidem*, p. XXV, XXX, 6, 17, 23, 32, 37, 39, 41.

[17] LEO DECLERCK (a cura di), *"Inventaire des papiers conciliaires de Mgr. A-M. Charue, évêque de Namur, deuxième Vice-Président de la Commission Doctrinale"* Leuven 2017, p. 205.

[18] *Ibidem*, p. 46, 52s., 59, 61s., 68, 71, 74, 76, 97, 104, 108, 119, 123s., 128s., 136s., 141s., 149, 165, 169, 178, 182.

direzione), collezione che per essere così prossima al magno Sinodo ha potuto godere della collaborazione di "protagonisti" conciliari. Il testo, che ci aiuterà maggiormente nella seconda parte dell'intervento nostro, porta il titolo *"L'activité missionnaire de l'Eglise. Décret 'Ad gentes'"*, pubblicato sotto la direzione di J. Schütte e l'ottimo contributo del Congar sui principi dottrinali[19].

Coscienti del salto nel tempo che ora imponiamo, ma anche del segno che ne abbiamo d'attualità del pensiero e dei riferimenti congariana, facciamo memoria della sua notevole presenza ispiratrice fra i partecipanti del Seminario romano del 28 Settembre – 2 ottobre 2015 che ha dato origine al volume "La riforma e le riforme nella Chiesa"[20] causa di una mia risposta cartacea nel giugno dello scorso anno[21].

Dal numero dei richiami al Congar, nel mio indice dei nomi, luoghi e 'termini-chiave', si potrà arguire la consistenza della sua "presenza" duranti i lavori dei partecipanti all'incontro ad alto livello, direi[22], su temi che vanno dalla libertà religiosa al "depositum fidei" pure ecclesiologico, dalla Pentarchia ai principi costitutivi della Chiesa, dalle condizioni di ogni riforma, all'istituzionale.

---

[19] *Ibidem*, p. 46, 52s., 59, 61s., 68, 71, 74, 76, 97, 104, 108, 119, 123s., 128s., 136s., 141s., 149, 165, 169, 178, 182.

[20] Edito da A. SPADARO e C.M. GALLI, a Brescia, nel 2016, p. 615.

[21] Vedi AGOSTINO MARCHETTO, *"La riforma e le riforme nella Chiesa". Una risposta*, L.E.V., Città del Vaticano 2017, p. 120.

[22] *Ibidem*, p. 18, 19, 31, 53, 61, 63, 97s., 106.

Proprio a Daniélou dobbiamo ricorrere, ora, alla sua decisione, per sua propria volontà, di lasciare il suo posto, per *un cambio fra i periti impegnati nel* De Ecclesia, e relativa sua sostituzione con il P. Congar. Il primo voleva cioè dedicarsi anima e corpo a quello che finalmente sarà la *Gaudium et Spes*[23]. Che conseguenze ne sono venute! In effetti il Domenicano lavorò pure per tale schema, sul quale *i giudizi di Daniélou vanno insieme con quelli di De Lubac*[24].

In ogni caso il gesto di Daniélou non cambiò le posizioni negative del Domenicano nei suoi riguardi[25] che si rivela anche in un passo riferito a Wojtyła[26], il cui progetto per lo schema "Chiesa e mondo contemporaneo" "concepito" e redatto – scrive il Congar – "dal *punto di vista della Chiesa stessa*, che formula i *suoi* principi e dà le *sue* giustificazioni, non può prevalere come base delle nostre discussioni, su quello che è stato elaborato per mandato della commissione mista, ma bisognerà tenerne conto, anche se testo privato"[27].

---

[23] Cfr. AGOSTINO MARCHETTO, … *Per la sua corretta ermeneutica*, o. cit., p. 104, con base in S. TROMP, S.J., *Konzilstagebuch mit Erlaeuterungen und Akten aus der Arbeit der Theologischen Kommission. II. Vatikanisches Konzil* (ed. A. von Teuffenbach), Band II/I (1962-63), Nordhausen 2011, p. 263.

[24] Cfr. AGOSTINO MARCHETTO,… *Per la sua corretta ermeneutica*, o.cit., p. 30, 122.

[25] Vedi AGOSTINO MARCHETTO,… *Contrappunto per la sua storia*, o. cit., p. 327, con 17 richiami in nota 79.

[26] *Ibidem*, p. 323.

[27] Cfr. YVES CONGAR, *Mon Journal du Concile*, o.cit., p. 309II.

Sempre sul tema anzidetto, *mons. Wojtyła* "fa alcune osservazioni di una estrema gravità (sull'insieme del capitolo II). Si considerano solamente, egli dice, le questioni poste dalla nuova situazione del mondo descritta dal cap. I: ma questo mondo moderno dà anche delle risposte a tali questioni.

Ebbene *bisognerebbe rispondere a queste risposte*[28]. Ciò offre occasione al Congar di rivelare i propri pensieri su Daniélou, dopo una breve considerazione di apprezzamento di chi sarà Giovanni Paolo II: "Wojtyła fa una grandissima impressione. La sua personalità s'impone. Si sprigiona da essa un fluido, un attirare, una certa forza profetica calmissima, ma irrecusabile … Daniélou sembra essersi già proposto: dovrà redigere qualcosa con mons. Wojtyła. Ma, alla pausa, quasi tutti gli esperti dubitano che Daniélou, rapido e superficiale, sia l'uomo adatto a ciò… mons. Wojtyła dice che a suo avviso *non si è marcata a sufficienza la dimensione soteriologica o salvifica*"[29].

Del resto le perplessità sullo schema XIII (indicato come XVII, in precedenza) non sono assenti nel Domenicano, così come in Rahner, Lebret e altri[30]. Senza dimenticare, naturalmente, altre citazioni del *Daniélou*[31] nelle mie opere, richiamo a questo punto quanto risulta della *sua "presenza"* sinodale dall'"inventario" delle

---

[28] *Ibidem*, p. 312II.
[29] *Ibidem*, e anche p. 313s.II.
[30] Agostino Marchetto, … *Contrappunto per la sua storia*, o. cit., p. 149, vedi pure p. 141 e 144 con espressione di delusione per non accettazione delle sue proposte.
[31] cfr. per esempio Agostino Marchetto, *Chiesa e Papato nella storia e nel diritto. 25 anni di studi critici*, o. cit., p. 138, 609, 645, 675, 729.

carte conciliari di Mons. Charue[32] relativo a vari temi conciliari che interessano il nostro "perito" e attestano il suo impegno. Riguardano naturalmente *in primis* lo *schema XVII* (nel suo essenziale), con l'ammirabile vocazione dell'uomo, con la teologia dei valori terrestri, le relazioni Chiesa e società terrestre, il tema della persona e della comunità, e poi la S. Scrittura e la Tradizione, (lettera del nostro a Charue con il progetto di testo richiesto da mons. Garrone) i religiosi, e la libertà religiosa.

In questo contesto richiamo un personaggio delle "memorie" del card. Suenens, evidentemente assai contrariato della bocciatura del "suo" testo di Malines per lo schema XIII (sulla Chiesa *ad extra*), che se la prende con il P. Daniélou in questi precisi termini (la traduzione in italiano è mia)[33].

"Ma alla prima riunione della Commisssione [di coordinamento] si è silurato questo testo [di Malines] in parte – credo – per influsso del P. Daniélou che era molto risentito per non esserne stato uno dei teologi convocati [in Belgio]. Io non l'avevo fatto a richiesta di tutti gli altri teologi". Cosa certo non bella, con l'aggiunta che la Commissione in parola ritenne che il Sig. Cardinale non aveva capito il *modus procedendi* indicato, ed era andato oltre.

---

[32] Cfr. LEO DECLERCK, *L'Inventaire des papiers conciliaires de Mgr. A.-M. Charue*, o. cit., p. 78, 87s., 107, 119, 131, 136, 164.
[33] WERNER VAN LAER, (a cura di) *L.J. Cardinal Suenens. Mémoires*, o. cit., p. 33.

Ad ogni modo questo anticipa un po' quanto successivamente apparso a proposito delle *divisioni fra teologi*, quelle che poi origineranno la pubblicazione di "Concilium" e "Communio", dove si delineò la crisi post-conciliare.

A. Acerbi a tale riguardo così scrive: *"Alcuni vecchi amici del Papa (De Lubac, Daniélou...) assunsero anch'essi un atteggiamento critico verso l'evento conciliare*[34]. Noi diremmo piuttosto verso un certo post-concilio. E mi fermo qui perché il tempo è quello che è, e scorre via veloce. Peraltro almeno voglio ricordare Ruggeri nella stessa posizione critica per i timori di Daniélou, ben saldato con il pensiero, vicino al suo, di De Lubac. Essi mettevano a nudo *un problema reale, per noi, cioè "l'equilibrio dell'aggiornamento stesso*, avvertito altresì dai teologi tedeschi Ratzinger e Volk, e non solo". Per Ruggeri[35] i due "gesuiti" avrebbero messo tra parentesi il Concilio o utilizzato di esso solamente ciò che poteva portare contributo alla riflessione teologica personale". Il sasso è buttato, anche se poi si aggiunge: "Ma questo è un giudizio che richiederebbe di essere verificato". Che ci sia però la tendenza di prendere del Concilio solo quanto aggrada è un andazzo comune, indipendentemente dalle persone qui sopra citate.

A conclusione di questa veloce escursione nella futura *Gaudium et Spes*, per tracciare qualche linea del P. Daniélou, mi rendo conto

---

[34] AGOSTINO MARCHETTO, ... *Contrappunto per la sua storia*, o. cit., p. 221.
[35] *Ibidem*, p. 171, mentre al contrario segnalo la posizione di S. Berretta e S. Zamagni, sempre *ibidem*, p. 191.

della povertà del mio dire, ma non potevo tralasciarlo per non essere troppo sbilanciato. Vorrei tentare di esserlo tuttavia ancora meno ricorrendo al "dialogo di Paolo VI col mondo contemporaneo"[36], il Papa che volle, fortemente volle, tale Costituzione pastorale per la cui realizzazione "obtorto collo", fondamentalmente indisse un'altra ultima sessione del Concilio, come con la *Ecclesiam suam* ne sbloccò e dinamizzò l'iter.

Vi è nell'atteggiamento di Papa Montini il riconoscimento dell'autonoma ("giusta", *Gaudium et Spes* N. 36) delle realtà terrene, in primo luogo dello Stato. Per il cardinale Ruini, ricordo la presentazione in Campidoglio del mio "Contrappunto" per la storia del Vaticano II, tale giusta autonomia è uno dei vertici dei testi conciliari. "La Chiesa doveva rinunciare, perciò, ad ogni potere e pretesa mondani, esercitando un influsso solo per via di convinzione morale; ma non poteva rinunciare né alla propria identità né alla propria missione, assumendo acriticamente l'insieme delle opinioni e delle mentalità imperanti nella società moderna". Da qui il ruolo della "cultura cristiana ed, in essa, della dottrina sociale della Chiesa, che pone come fondamento di ogni costruzione sociale l'uomo nella sua totale e perenne verità.

Mi si perdoni infine una brevissima appendice su Daniélou perché se così non facessi me lo rimprovererei poi. Del resto mi basta rimandare a buone pagine di Miguel De Salis, nel suo ultimo

---

[36] *Ibidem*, p. 146 e 158 in fatto di relazione con il mondo, con mia critica al pensiero di P. Hünermann.

libro,[37] sull'*Extra ecclesiam nulla salus* nel contesto del pluralismo religioso del postconcilio.

"Jean Daniélou considera che le religioni non cristiane possono avere elementi positivi che trovano la loro pienezza nel cristianesimo. Queste espressioni religiose, quindi, sono destinate ad essere assunte dal cristianesimo in ciò che hanno di positivo e ad essere ignorate in tutti quegli elementi che da esso sono stati superati. La posizione di Daniélou parte dalla Sacra Scrittura e, in particolare, dai santi pagani dell'A.T., dove egli trova un'indicazione della pedagogia divina, nella quale le culture non ebree non erano state escluse dal disegno salvifico che si sarebbe, poi, manifestato in pienezza in Gesù Cristo.

A questo egli ha dato il nome di 'rivelazione cosmica'… La posizione di Daniélou ha influito notevolmente sul magistero di Paolo VI e, specificatamente, sull'esortazione post-sinodale *Evangelii Nuntiandi* del 1975"[38].

* * *

Quanto fin qui presentato su Congar e Daniélou mi pare sfoci con una certa qual ragionevolezza su ciò che mi fu pure prospettato

---

[37] Vedi MIGUEL DE SALIS, *Una Chiesa incarnata nella storia*. Elementi per una rilettura della costituzione *Lumen Gentium*, Roma 2017, p. 231-247.
[38] *Ibidem*, p. 233s. e p. 244 per la formula nell'ambito della *storia della salvezza*.

come tema, del mio intervento e cioè la sfida missionaria sulle tracce del Vaticano II. Sarebbe *sub unica conclusione*, tenendo presente l'impegno notevole del primo in opera di 'compromesso', di mediazione tra le varie tendenze, e adattamento[39] missionario, e l'ispirazione del secondo, con altri, donata da Paolo VI, con la sua riflessione teologica. Quest'ultimo "ha effettuato e accompagnato con il suo genio personale, con gesti e viaggi e con l'istituzione di nuove strutture l'apertura del Concilio e della Chiesa verso le religioni non cristiane".

Sono parole di Mons. Pietro Rossano, antesignano in questo campo, prematuramente scomparso.

Del resto "l'annuncio del Vangelo al mondo", come scriveva l'Osservatore al Concilio Prof. K.E. Skydsgaard, era l'intenzione più profonda della grande assemblea sinodale[40]. Come lo è del pontificato di Papa Francesco. Nel rimandare a un nostro studio sul decreto *"ad Gentes divinitus"* a partire dalla Collezione *Unam Sanctam*[41], in cui risalta il contributo di Congar, rilevo il suo notare che la missione si riferisce "alla teologia delle 'missioni divine' delineate già da Sant'Agostino e comune ai grandi Scolastici del XIII sec. Questa teologia ha [comunque] già ispirato grandi esposizioni di ecclesiologia missionaria".

---

[39] AGOSTINO MARCHETTO, … *Per la sua corretta ermeneutica*, p. 351.
[40] *Ibidem*, p. 351.
[41] *Ibidem*, p. 351-363.

Da questo si trae, come conseguenza (al N. 2 e anche al N. 6), che la Chiesa è per sua natura missionaria *ex fontali amore* ("il disegno del Padre")[42].

Non proseguirò nell'analisi del Decreto, perché desidero concludere con un piccolo capolavoro, nella visione d'insieme, ad opera di J. Ratzinger per equilibrare la presenza conciliare di Daniélou rispetto a Congar, accettando l'idea di un Convegno romano della Fondazione Vaticana Benedetto XVI. Vi si metteva Joseph Ratzinger e appunto Jean Daniélou [insieme] di fronte al Mistero della Storia. Era il 16 febbraio del 2015[43].

Con l'aiuto dell'allora Prof. Ratzinger [44] — come dicevo — cerchiamo ora di analizzare i più importanti passi conciliari che si riferiscono alla evangelizzazione-missione poiché solamente l'insieme permetterà di percepirne l'estensione e la profondità che essa ha avuto per il Concilio Ecumenico Vaticano II, ben oltre *"Ad Gentes"*.

Il tema della missione anzitutto è radicato nella costituzione *Lumen Gentium*. Ivi, nei NN. 13-17, s'incontra in effetti il testo fondamentale su natura, compito e via della missione, e su di esso poggiano gli altri relativi passi sinodali, compreso il Decreto

---

[42] Cfr. pure F. GEORGE, O.M.I., "The Decree on the Church's Missionary Activity, *Ad gentes*", in *Vatican Renewal within tradition* (a cura di M.L. LAMB e M. LEVERING, Oxford University Press, New York 2008, p. 293.

[43] Cfr. GIULIO MASPERO E JONAH LYNCH, *Storia e mistero*: una chiave di accesso alla teologia di JOSEPH RATZINGER E JEAN DANIÉLOU, Roma 2017, p.442.

[44] Vedi *A.M.E.*, p. 121-147.

specifico. Nella *Lumen Gentium* l'idea di missione nasce con la trattazione della cattolicità quale caratteristica essenziale del nuovo Popolo di Dio, la Chiesa, al cui grembo sono chiamati tutti gli uomini (N. 13: "universalità dell'unico Popolo di Dio"). Effettivamente Dio, unico, ha creato l'uomo e ha voluto l'umanità come una unità, per cui questo movimento di riunione che è al principio della storia della salvezza, lo realizza la missione, affrontando le separazioni che provengono dal peccato, così da rappresentare rigorosamente l'esecuzione del piano di salvezza.

Ratzinger nota a tale proposito che "al testo giovanneo sul radunare [insieme] i figli di Dio, la Costituzione aggiunge l'idea cristologica, designando il Cristo come 'erede di tutte le cose'"[45]. Il modo concreto con cui si opera la riunione è indicato dall'affermazione relativa a Cristo e sviluppata poi in quella che nell'affermazione riguarda lo Spirito Santo "Signore e vivificatore", che è il principio di tale radunarsi, sull'unità nell'insegnamento degli Apostoli e nella comunione, nella frazione del pane e nelle orazioni.

A partire dal concetto di Chiesa

È quindi a partire dal concetto di Chiesa che il secondo paragrafo del N. 13 ricava la strutturazione di quanto delineato prendendo

---

[45] *A.M.E.*, p. 123.

l'avvio dal pensiero di Dio. Ecco dunque l'immagine del Corpo e della "*recapitulatio*" di tutta l'umanità "*sub capite Christi et in unitate Spiritus Eius*". Ed è al servizio di questo carattere essenzialmente escatologico del Regno che si trova la cattolicità della Chiesa di cui la missione rappresenta il dinamismo realizzatore; così il testo ne trae la quintessenza di un direttorio missionario: "Siccome, dunque, il Regno di Cristo non è di questo mondo (cfr. *Gv.* 18, 36) la Chiesa …, introducendo questo regno, nulla sottrae al bene temporale di qualsiasi popolo, ma al contrario favorisce e accoglie tutta la dovizia e capacità e consuetudini dei popoli, in quanto sono buone, e accogliendole le purifica, le consolida, le eleva".

Questo testo si può quindi considerare il "*locus theologicus*" d'una serie di proposizioni più pratiche formulate in altri luoghi conciliari, sulla liturgia, per es., (v. NN. 39-40, 65 e 119 della *S.C.*) e sulla formazione sacerdotale (*O.T.* 16).

In tale numero appare una "dialettica" nel considerare le religioni non cristiane (già in abbozzo al N. 13 di *L.G.* nei verbi "assumere" e "purificare"). Questi due poli li ritroviamo posti più nettamente nello sviluppo del N. 17 di *L.G.*, che è il testo propriamente missionario di tale Costituzione.

Esso promana – nota Ratzinger – anzitutto e soprattutto da una cattolicità escatologica nella sua causa. Di fatto "la natura escatologica della Chiesa la rende libera in faccia al mondo (libera per ciò che è cattolico, poiché cattolico ed escatologico s'ingranano reciprocamente). Ma essa sottomette il mondo al criterio dell'escatologia: solo il fuoco del giudizio escatologico può purificare e ammorbidire l'uomo in modo che possa accogliere in sé la regalità di Gesù Cristo"[46].

La cattolicità all'interno della Chiesa

Si possono considerare, a questo proposito, tre aspetti di un pluralismo nel seno dell'unità ecclesiale, e cioè i numerosi popoli del mondo, gli stati di vita differenti, e la "costruzione" ecclesiale a partire da numerose Chiese particolari nei vari luoghi e regioni del mondo, unite nell'unità, nell'azione (comunione) e nella pace (cfr. *L.G.* 22).

Per questo la cattolicità ha molteplici conseguenze per la vita della Chiesa, e precisamente sotto il suo aspetto missionario, che sono segnalate in alcuni testi sinodali. Mi limito a citarli: *L.G.* 23 (responsabilità reciproca delle Chiese particolari: mutue relazioni, per cui il compito di annunciare il vangelo in ogni parte della terra appartiene al corpo dei Pastori), *Christus Dominus* 6 (i Vescovi partecipi della sollecitudine per tutta la Chiesa), *Presbyterorum Ordinis* 10 (sollecitudine per tutta la Chiesa), *Optatam totius* 2 (tutto il popolo cristiano si sente responsabile), *Apostolicam Actuositatem* 19 (molteplicità di forme dell'apostolato associato, cfr. *L.G.* 30), 8 (l'azione caritativa, senza peraltro qui relazione diretta alla missione), 17 (l'apostolato individuale in particolari circostanze: "di grande

---

[46] *ib.*, p. 126.

necessità e urgenze in quelle regioni in cui la libertà della Chiesa è gravemente impedita" cfr. *L.G.* 35 in fine*)*.

La pluralità delle religioni e l'unità dell'appello divino

Ritorniamo al N. 13 della *L.G.*, all'ultimo paragrafo, di transizione, per la sua importanza, dato che presenta due forme fondamentali di relazione alla Chiesa. In effetti gli uomini o appartengono all'"unità cattolica del Popolo di Dio", in vari modi, o "sono chiamati alla salvezza dalla grazia di Dio".

Questa universalità di appello divino comporta in essa lo slancio a vincere tutte le divisioni, slancio del resto che attraversa e unisce fra di loro tutte le determinazioni particolari dei numeri seguenti. Di fatto il 14 delinea le condizioni richieste per una incorporazione totale alla Chiesa cattolica, il 15 descrive i legami tra essa e i cristiani non cattolici, e infine il 16 precisa il rapporto tra la Chiesa cattolica e i non cristiani. Per quest'ultima relazione è significativa la seguente citazione: "Tutto ciò che di buono e di vero si trova in loro, è ritenuto dalla Chiesa come una preparazione ad accogliere il Vangelo, e come dato da Colui che illumina ogni uomo, affinché abbia finalmente la vita" (N. 17).

Certamente il giudizio di "preparazione" relativizza altre religioni, ma vi è in essa pure un aspetto positivo: è relatività che le situa in rapporto all'Evangelo, pur tenendo conto che il Concilio parla pure del Maligno il quale falsifica e affascina e rompe la storia umana (v.

Rom. 1, 22-25). "Perciò per promuovere la gloria di Dio e la salute di tutti, la Chiesa, memore del comando del Signore che dice 'Predicate il Vangelo ad ogni creatura' (*Mr.* 16, 16), promuove con ogni cura le missioni".

La via della missione

Nella *L.G.* si consacra ad essa tutto il N. 17. Basti solo qualche riferimento al contenuto perché ciò che qui appare in forma schematica lo si trova nel capitolo dottrinale con il quale si apre il Decreto sull'attività missionaria.

Tornano così a risuonare l'"andate" e le parole straordinariamente possenti, quasi un grido, dell'Apostolo: "Guai … a me se non predicassi" (I *Cor.* 9, 16), a cui fa eco il mandato ai missionari. "Con la definizione della missione, questo rapido numero fonda anche la missiologia e segnala fine, rappresentanti e metodo della missione",[47] mentre si indica la via che va dall'evangelizzazione all'evangelizzazione e ciò abbraccia e reclama la "*plantatio*" delle Chiese nei "territori missionari".

Tralasciando di indicare ora metodo e rappresentanti, ricordo il fine, questo: "la Chiesa prega insieme e lavora affinché l'intera pienezza del cosmo si trasformi in Popolo di Dio, Corpo di Cristo e tempio dello Spirito Santo, e in Cristo, centro di tutte le cose, sia reso ogni onore e gloria al Creatore e Padre dell'universo".

---

[47] *ib.*, p. 131.

L'idea di Missione nei decreti sull'Apostolato dei Laici e sul ministero e la vita dei Presbiteri

Dopo l'analisi "missionaria", diciamo così, della *L.G.* ci soffermiamo sui citati Decreti che presentano, sulla stessa materia, espressioni molto profonde. Peraltro non apportano nuove idee ma dilatano l'angolo di visuale precedente, entrando così nel quadro teologico d'insieme tracciato dal Concilio a proposito della missione.

L'Apostolato dei Laici

Vi è qui una affermazione fondamentale da ricordare, che cioè "la vocazione cristiana è, per sua natura, anche vocazione all'apostolato" (*A.A.* 2) e ciò introduce in essa un dinamismo missionario. Il fatto cioè di essere cristiano, per se stesso, come tale, è movimento al di là di sé, ha un'impronta missionaria e deve esternarsi in un'attività che lo realizzi profondamente.

Sono qui impegnati, dunque, non solo gli Apostoli e i loro successori "ma anche i laici, resi partecipi dell'ufficio sacerdotale, profetico e regale di Cristo, [che] per la loro parte completano, nella Chiesa e nel mondo, la missione di tutto il popolo di Dio" (*A.A.* 2, cfr. *L.G.* 31). Fondamenti di quanto qui attestato si trovano successivamente nel Decreto ai NN. 3, 4 e 8 (l'azione caritativa, con "assistenza mondiale" anche al N. 27).

Per Ratzinger questo testo conciliare è uno dei più ricchi e profondi per cui meriterebbe "un'analisi speciale per la molteplicità delle sue prospettive sulla missione, e per la sua importanza per una nuova comprensione del sacerdozio e dei sacramenti"[48]. Ciononostante dovremo accontentarci di segnalarne solo i punti principali.

Cominciamo da "un fatto rimarchevole e sorprendente", vale a dire che non è in primo luogo il sacrificio che spiega il ministero sacerdotale, ma la convocazione del Popolo di Dio. Di fatto il primo dovere sacerdotale è "l'annuncio dell'Evangelo di Dio a tutti" (N. 4).

Peraltro, per sua natura, la predicazione è orientata alla liturgia, quella cosmica, dove l'umanità tutta, trasformata in Corpo di Cristo, è divenuta "ostia", gesto di glorificazione di Dio e dunque "Regno di Dio" in cui il mondo trova il suo completamento. La natura della "sinassi", lo dice la parola, è quella di radunare gli uomini in Cristo. Così "è la sinassi eucaristica ad essere il centro della comunità dei cristiani presieduta dal Presbitero" (*P.O.* 5), mandato a compiere l'opera di Cristo (*P.O.* 14). Per questo l'unità del loro ideale risiede nell'unità della missione, della missione della Chiesa che fa unità nella loro propria vita (*P.O.* 14). La spiritualità sacerdotale è quindi una spiritualità essenzialmente missionaria, una spiritualità della

---

[48] *ib.*, p. 135. Cfr. AGOSTINO MARCHETTO, GIOVANNI PARISE, *Riforma nella continuità*, Solfanelli, Chieti 2016.

croce, altresì proprio perché "aperta al mondo". In effetti l'idea missionaria rimette nella giusta prospettiva la questione di sapere se l'"apertura al mondo" è compatibile con il senso della croce, come si deduce dalla celebrazione eucaristica.

Basti dire che, in ogni caso, il cammino verso l'altro ("apertura al mondo") è necessariamente uscita da se stessi (croce). Ratzinger conclude: "che la forma di apertura al mondo, così motivata, sia ben distante da ogni stolto conformismo e da un attaccamento al mondo senza spirito critico, non c'è bisogno di spiegarlo ulteriormente"[49]

Le dichiarazioni sulla libertà religiosa e sulle relazioni della Chiesa con le religioni non cristiane

Per quanto fin qui illustrato dovrebbe risultare chiaro che i testi teologici (in senso stretto) del Concilio sono profondamente impregnati dell'idea missionaria (v. altresì particolarmente i NN. 8 e 10 della *D.V.*, senza dimenticare la *G.S.* – e basti a noi solo qui menzionarla –, perché rivolgersi al mondo equivale a "missione", a dialogo e alla collaborazione con tutti gli uomini di buona volontà. E qui è sottointeso l'aggiornamento, il rinnovamento-riforma nella continuità della Tradizione).

Certo, come vedremo, dialogo e missione non sono puramente e semplicemente identici e "il mondo moderno deve restare nel campo visuale se non si vuol rimanere in uno storicismo e arcaismo

---

[49] *ib.*, p. 138.

contrari alla Scrittura". Ratzinger aggiunge "l'equilibrio della bilancia è delicato" fra i due poli del rinnovamento.

La Dichiarazione sulla libertà religiosa

Ci si può domandare d'inizio, in modo radicale, come fanno alcuni: ma la libertà religiosa non contraddice il compito missionario della Chiesa? Ma possiamo rispondere: al contrario! Essa è la condizione stessa perché ci possa essere e avere missione. Di fatto libertà religiosa, come superficialmente qualcuno dice, non significa indifferenza per la verità e non concerne la relazione tra religione e verità, fra persona umana e verità religiosa, ma rapporto fra società e religione, l'indipendenza della professione di una religione in relazione ad ogni vincolo sociale[50].

Giustamente la Dichiarazione mette in guardia su ciò che il linguaggio corrente chiama proselitismo (in senso negativo, dunque: D.H. 4) e naturalmente si pronuncia contro ogni violenza (costrizione), che si opporrebbe alla libertà dell'atto di fede (D.H. 10, nota 7). L'uomo, "tenuto a rispondere a Dio, credendo volontariamente", è così invitato dal Concilio "ad accettare e a professare la fede liberamente".

---

[50] V. il mio "Contrappunto", o. cit., specialmente p. 138s., 146 e 149s. e AGOSTINO MARCHETTO e DANIELE TRABUCCO, *La libertà religiosa tra Stato e Chiesa*, Solfanelli, Chieti 2014.

Noterò a tale riguardo che essa esprime coscienza di essere "parziale", e lo riconosce (*Nostra Aetate* 1): la Chiesa "esamina qui in primo luogo tutto ciò che gli uomini hanno in comune e che li spinge a vivere insieme il loro comune destino"), sviluppando le idee da noi già presentate a proposito della *L.G.* 17.

Senza entrare nella disamina dei numeri specificamente concernenti le religioni giudaica e musulmana[51] ci soffermiamo sul N. 2 (le diverse religioni non cristiane) per rilevare la relazione interna del fatto religioso umano con quello cristiano. Il testo sinodale accenna ai miti e "ai penetranti tentativi della filosofia" per "superare, in vari modi, l'inquietudine del cuore umano proponendo delle vie, cioè dottrine, precetti di vita e riti sacri".

Si può forse qui osservare una certa semplificazione del problema e la lacuna di non aver posto la questione del rapporto tra "fede" e "religione".

In ogni caso, dopo aver presentato ciò che gli uomini hanno in comune, la Dichiarazione ne sviluppa le conseguenze pratiche, già emerse in *L.G.* e che il Decreto sulla missione indica in modo dettagliato. "La Chiesa Cattolica [dunque] non rigetta nulla di quanto è vero e santo in queste religioni. Essa considera con sincero rispetto quei modi di agire e di vivere, quei precetti e quelle dottrine

---

[51] Vedi il mio "Contrappunto", *o. cit.* p. 139s., 144, 146 e 153.

che, quantunque in molti punti differiscono da quanto essa stessa crede e propone, tuttavia non raramente riflettono un raggio di quella verità che illumina tutti gli uomini" (N.Ae 2). Il Concilio stabilisce altresì una connessione tra religioni del mondo e la realtà della creazione (cfr. N. Ae. 1). La Chiesa "perciò esorta i suoi figli, affinché con prudenza e carità, per mezzo del dialogo e la collaborazione con i seguaci delle altre religioni, sempre rendendo testimonianza alla fede e alla vita cristiana, riconoscano, conservino e facciano progredire i valori spirituali, morali e socio-culturali che si trovano in essi" (N. Ae. 2).

"Senza dubbio vi è in tale testo una viva esortazione che concerne i missionari e l'atteggiamento della missione, un esame di coscienza per quelle anteriori, una ritrattazione dell'occidentalismo in fatto di missioni e una stretta distinzione tra "missione culturale" e quella 'della fede' che non permette confusione alcuna. Ciò fa giustamente apparire di quale salutare necessità sia la missione per la fede, poiché essa la forza a riconoscere il valore relativo delle sue espressioni e a purificarsi di false identificazioni con realtà che, in verità, non appartengono all'ordine della fede, ma invece all'ordine di questo mondo.

La fede ha bisogno della missione per restare se stessa; ma la missione non può prestargli questo servizio di purificazione e di critica se non animata dalla carità, senza volontà d'imporsi all'altro, ma facendogli dono del Cristo. Se tale è il suo sforzo, essa si farà una legge del rispetto verso la persona altrui e del suo universo mentale. Allora risulterà che la missione non esclude il dialogo ma lo esige"[52].

Missione e dialogo

Costatiamo anzitutto, a questo riguardo, 3 "zone" nelle affermazioni sinodali riguardo a Chiesa e religioni del mondo. A tale proposito riporterò di pari pari il testo di Ratzinger[53] per il quale tali "zone" sono:

"a) il tema missionario propriamente detto;

b) l'idea di 'collaborazione' e di 'dialogo';

c) l'idea che la possibilità di salvezza deborda la Chiesa poiché la volontà salvifica di Dio è all'opera ovunque [*L.G.* 16 e *Ad Gentes* 7]. A ben vedere, questa possibilità di salvezza in nessun luogo è messa in relazione diretta con le altre religioni come tali, in modo che esse siano descritte quasi come vie di sostituzionc; ma questa possibilità è legata alle seguenti due componenti: da una parte la grazia salvifica di Dio e, dall'altra, l'obbedienza alla coscienza. Niente proibisce di ammettere che tale obbedienza possa essere praticata all'interno delle forme offerte dalle religioni. Ciò non impedisce evidentemente [di pensare] – ed è

---

[52] *A.M.E.*, p. 145.
[53] *ib.*, p. 146s.

significativo – che non sono le religioni, ma l'obbedienza e la grazia che sono indicate come vie di salvezza.

Se ora noi cerchiamo di ricostituire la concatenazione fra le anzidette tre zone bisogna dire che, nel pensiero del magno Sinodo ecumenico, la china va da c) verso a): dunque, finalmente, è la grazia che salva; perciò il messaggio della grazia dev'essere annunciato a tutti; è anche la ragione per cui oltre ogni ricerca e sforzi umani, la via deve condurre al Vangelo della grazia. 'Dialogo' e 'collaborazione' non possono costituire un fine ultimo; sono i raggi dell'unità che non viene dagli uomini, ma da Dio. A dire il vero ci domandiamo che vale il provvisorio di quaggiù se si pensa che il mondo non è altro che un preliminare all'unico definitivo: il Regno di Dio nel nuovo cielo e la nuova terra! Che vi sia tra le anzidette 3 idee una unità dinamica dove il primo posto ritorna alla missione non significa che essa assorbe i due altri elementi, di modo che, in fin dei conti, la missione rimane sola. No! Vi sono e restano 3 elementi, la cui unità dinamica non riduce ma conferma la distinzione. Per questo il dialogo resta un vero dialogo e l'impazienza del successo non deve in maniera intempestiva farlo contrarre in appello diretto di un volere missionario; ma è anche il perché il lavoro diretto del ministero missionario resta necessario sempre e bisogna guardarsi dalla mancanza di speranza e fede che lo farebbe sospendere.

Forse si deve aggiungere che il dialogo ha il suo posto altresì nel seno della stessa missione e ciò nella convinzione che vale meglio prendere coscienza di essa, imparando a comprendere l'altro, apprendendo a distinguere tra la volontà propria e il messaggio ricevuto. Meno il missionario trasmette se stesso, più egli porta Cristo, e meno si creerà un dilemma tra dialogo e predicazione, più puramente essa aprirà l'accesso al dialogo decisivo, del quale tutte le altre parole non sono che una introduzione: il dialogo con il Creatore dell'umanità per la quale adorare è al tempo stesso il dovere supremo, il più alto privilegio".

I giovani, la fede e il discernimento vocazionale nella prospettiva del Vaticano II

Vi sono riconoscente per la accettazione amabile di presentarvi, con un taglio particolare, quello del Concilio Vaticano II fondamentalmente, il tema del prossimo Sinodo dei Vescovi, istituzione che nasce proprio in quel Magno Concilio, come io l'ho sempre chiamato, per essere realizzazione di collegialità, nell'esercizio del primato.

Del resto oggi un binomio fondamentale nell'attualità ecclesiale, da tener ben unito, è sinodalità, o anche collegialità, e primato.

Vi debbo anzitutto una parola di giustificazione per aver accettato di esser con voi oggi. La mia prima reazione fu infatti quella di scusarmi e non venire, perchè questo significava parlarvi brevemente della mia vocazione, nata giovane fra i giovani e per i giovani.

Ricordo come fosse oggi la prima volta in cui un prete, che non conoscevo, mentre stavo arrangiando la rete della porta nel campo di football, in vista di un match fra ragazzi, a bruciapelo mi chiese se mai avessi pensato a diventare sacerdote. Pur appena uscito dalla crisi adolescenziale quella domanda fu l'inizio del cammino vocazionale che mi condusse, in effetti, nell'ordine delle intenzioni ad un sacerdozio per i giovani. Così pensavo, così volevo. Ma invece, ecco che arriva la chiamata romana per girare il mondo al servizio della S. Sede che mi lasciava con una preoccupazione.

Stavo tradendo i giovani, la mia primitiva vocazione nella vocazione? Ma per fortuna arrivò un sogno di don Bosco per dirmi: "Niente è perduto, vedrai quanti giovani avvicinerai, accompagnerai, aiuterai, pastoralmente, in giro per il mondo". In Zambia erano specialmente nei campi di lavoro delle varie Ditte colà impegnate; a Cuba, nelle parrocchie, e soprattutto nel gruppo universitario di Cristo Rey, ad incoraggiare in una duplice fedeltà a Cristo e alla Chiesa, ma anche al Paese, e c'era poi il Seminario; in Algeria nelle diverse comunità ecclesiali linguistiche, in Portogallo con assistenza, ad Amadora, a 13 gruppi giovanili (dopo la Cresima colà ebbero la volontà di continuare a riunirsi, a servizio dei poveri, della liturgia, della catechesi – al mio tempo proprio incentrata sul Vaticano II –; in Mozambico, come parroco, professore del Seminario che riapriva i battenti senza insegnanti, e ciò per una piccola apertura di Samora Machel, e prete visitante di campi soprattutto di connazionali nel mezzo della guerra civile.

Mi fermo qui poiché le cose cambiano un po' quando si diventa Vescovi rappresentanti pontifici, perché la gente ti tratta diversamente. Ma il Nunzio non cambia di atteggiamento e continua a essere Pastore.

Orbene con tutto questo ecco delinearsi un'altra vocazione, diciamo scientifica, storico-teologica, la specializzazione (si può dire?) sul Vaticano II.

Credo di essermi spiegato, giustificato, forse, per essere qui a mettere insieme "Gioventù e Vaticano II".

Certo, a quest'ultimo proposito, tutti saprete che il suo tema unificante fu la Chiesa "*ad intra*" e "*ad extra*", al dire del Card. Suenens a cui si aggiunsero le parole nella stessa linea degli em.mi Montini e Lercaro, che furono accolte da Papa Giovanni.

Qui faccio allora l'aggancio con "la fede", nel tema proposto per il Sinodo sulla Gioventù, grazie a Guardini (che ebbe molto influsso su Paolo VI e lo esercita anche su Papa Francesco). A Montini pontefice egli scrisse manifestando una sua convinzione profonda, che è anche mia, per cui la vesto per voi con le seguenti sue parole: "La conoscenza della Chiesa è stata la ragione determinante per la mia vita. Quando ero ancora studente di Scienze Politiche mi fu chiaro che la scelta cristiana non viene propriamente compiuta riguardo alla concezione di Dio e nemmeno riguardo alla figura di Cristo, bensì riguardo la Chiesa. Da allora in poi seppi anche che un'autentica efficacia è possibile solo in unione con essa... Ciò che può convincere l'uomo moderno non è un cristianesimo modernizzato in senso storico o psicologico, in qual si voglia altro modo, ma soltanto l'annuncio senza limiti e interruzioni della rivelazione. Naturalmente è poi compito di chi insegna porre questo annuncio in relazione ai problemi e alle necessità del nostro tempo. Ho cercato di far ciò nei più diversi ambienti – scriveva Guardini ancora –. L'esperienza era sempre la stessa. Ciò che l'uomo contemporaneo desidera udire è il totale e puro annuncio cristiano. Forse gli risponderà negativamente, ma almeno sa di che cosa si tratta. Ad ogni prova dei fatti, questa considerazione si è sempre dimostrata giusta".[54]

Ed è curioso che una ricerca statistica in Gran Bretagna, nel mondo anglicano, pubblicata recentemente, presenti un numero abbastanza notevole di giovani che hanno ripreso o iniziato la vita religiosa grazie a un'esperienza di Chiesa come edificio. Si creò in essi un impatto di sentimenti, di impressioni solo a causa di una visita, all'incontro con un'atmosfera classica, diciamo, di chiesa (cf. *Instrumentum laboris*, d'ora in poi *I.l.*, 65-72).

*   *   *

Per questo nel Vaticano II - questo avvenimento che fu il più importante del secolo scorso - troviamo al centro la Chiesa che cerca un nuovo approccio, un nuovo linguaggio che tenga conto della *Sitz im Leben* della cultura. Essa oggi, almeno in gran parte, è "universale" (globalizzata per i giovani, se non altro perché è digitale). E qui il nostro documento preparatorio osserva che "il mondo dei *new media*, soprattutto per le giovani generazioni, è divenuto davvero un luogo di vita; esso offre tante opportunità inedite, specialmente per quanto riguarda l'accesso all'informazione e la costruzione di legami a distanza, ma presenta anche rischi (ad es. cyberbullismo, gioco d'azzardo, pornografia, insidie delle *chat room*, manipolazione ideologica, ecc.). Pur con molte differenze tra le varie

---

[54] *Notiziario* dell'Istituto Paolo VI, n. 44, pp. 86 e 91.

regioni, la comunità cristiana sta ancora costruendo la propria presenza in questo nuovo areopago, dove i giovani hanno certamente qualcosa da insegnarle"[55].

In effetti "ci accorgiamo che tra il linguaggio ecclesiale e quello dei giovani si apre uno spazio difficile da colmare, anche se vi sono tante esperienze di incontro fecondo tra la sensibilità giovanile e le proposte della Chiesa in ambito biblico, liturgico, artistico, catechetico e mediatico"[56]. Ricordo soltanto qui le piste legate allo sport, in tutte le sue specialità, e le espressioni artistiche per accompagnare il cammino di crescita dei giovani[57].

Chi parlò, dialogò, si aggiornò e rinnovò, e riformò, nella continuità dell'unico soggetto Chiesa, fu essa stessa, la Chiesa, specialmente grazie alle due costituzioni *Lumen Gentium* (dove risponde alla domanda di Papa Montini: "Che dici di te stessa?") e *Gaudium et Spes* (nel mondo contemporaneo, nell'uscita da sé, specialmente verso i lontani, le periferie, i poveri, i lasciati da parte, i discriminati, nella ricerca della pace e dello sviluppo integrale, nella dignità dell'umanità, famiglia dei popoli e nazioni).

Sempre in tema linguistico almeno una menzione voglio fare al linguaggio che Papa Francesco usa con i giovani, gli adolescenti, i bambini specialmente. È straordinaria la sua capacità espressiva e di tenere viva l'attenzione dell'uditorio. Mi limito a citarvi un solo

---

[55] SINODO DEI VESCOVI, *I giovani, la fede e il discernimento vocazionale*. Documento preparatorio, Libreria Editrice Vaticana, p. 58 ("*il mondo digitale*"); *I.l.* 34-35; 57-58.
[56] SINODO DEI VESCOVI, *cit., Instrumentum laboris*, (d'ora in avanti *I.l.*), p. 58s.
[57] *I.L.* 36-40.

discorso, su un periodo speciale, diciamo, della vita giovanile, l'adolescenza, "che non è una malattia", fornendo sei chiavi per aprire la porta dell'educazione giovanile, e cioè "in romanesco, connessi in movimento, una educazione integrata, sì all'adolescenza, no alla competizione", la 'golosità' spirituale (tema dell'austerità)[58].

*   *   *

Diciamo della cultura, della *Sitz im Leben*, ma anche dei giovani, dei quali il Concilio dà un'immagine, considerando i loro mutamenti psicologici, morali e religiosi. "In effetti il cambiamento di mentalità e di strutture spesso mette in causa i valori tradizionali soprattutto tra i giovani che, non poche volte, impazienti, diventano magari ribelli per lo scontento, e compresi della loro importanza nella vita sociale, desiderano assumere al più presto il loro ruolo. Spesso i genitori ed educatori si trovano per questo ogni giorno in maggiori difficoltà nell'adempimento del loro dovere… Anche la vita religiosa è sotto l'influenza delle nuove situazioni. Da un lato un più acuto senso critico la purifica da ogni concezione magica del mondo e dalle sopravvivenze superstiziose ed esige sempre più una adesione più personale e attiva alla fede, numerosi sono perciò coloro che

---

[58] V. *L'Osservatore Romano* del 21 giugno 2017, p. 4s. Per una categoria particolare di adolescenti, di "background" migratoria, parlai a Bruxelles, il 14/X/08, della responsabilità dei cristiani. Il titolo completo del mio intervento fu "Integration of Adolescents with migration background into European society: the responsability of the Christians (speech held at the Conference on Christian values and Integration), in *"Positionen"*, 13/2009, ed. R. Weilemann (www.kas.de). Cf. *I.l.* 45-47.

giungono a un più acuto senso di Dio. D'altro canto però moltitudini crescenti praticamente si staccano dalla religione.

A differenza dei tempi passati, negare Dio e la religione, o farne praticamente a meno, non è più un fatto insolito e individuale. Oggi infatti non raramente viene presentato come esigenza del progresso scientifico o di un tipo di umanesimo. Tutto questo in molti paesi non si manifesta solo nelle argomentazioni dei filosofi, ma invade larghissimamente il campo delle lettere, delle arti, dell'interpretazione delle scienze umane e della storia, anzi anche delle stesse leggi civili, cosicché molti ne restano disorientati" (*Gaudium et Spes* 7).

Da ciò gli squilibri nel mondo contemporaneo, molto spesso "tra una moderna intelligenza pratica, e il modo di pensare teorico"... Uno squilibrio si genera anche tra le preoccupazioni dell'efficienza pratica e le esigenze della coscienza morale, nonché molte volte tra le condizioni della vita collettiva e le esigenze della capacità di pensare in maniera personale, e della stessa contemplazione" (*ib.* 8; cf. *I.l.* 63).

A questo proposito, nel Documento preparatorio, sotto la voce "Strumenti", vi è un qualche paragrafo dedicato al silenzio, alla contemplazione e alla preghiera[59], legati al "discernimento", che non c'è senza "coltivare la familiarità con il Signore e il dialogo con la sua Parola. In particolare la *Lectio Divina* – si attesta – è un metodo prezioso che la tradizione della Chiesa ci consegna... Un obiettivo

---

[59] SINODO DEI VESCOVI, *o. cit.*, p. 60s. Cf. *I.l.* 185-193.

fondamentale [dunque] della pastorale giovanile vocazionale è offrire occasioni per assaporare il valore del silenzio e della contemplazione e formare alla rilettura della propria esperienza e all'ascolto della coscienza". Su queste realtà di vita spirituale il Sinodo dei Vescovi dovrà "spendersi" di più.

Questo coltivare l'interiorità porterà poi a condividere le aspirazioni nobili più diffuse dell'umanità per rafforzare il suo dominio (inteso nel giusto senso) sul creato e "per instaurare un ordine politico, sociale ed economico che sempre più e meglio serva l'uomo e aiuti i singoli e i gruppi ad affermare e sviluppare la propria dignità" (*Gaudium et Spes* 9; cf. *I.l.* 27).

In fondo al cuore c'è la considerazione, "per la prima volta nella storia umana, che realmente i benefici della civiltà possano e debbano estendersi a tutti", l'anelito a una vita interamente libera, degna dell'uomo... Anche gli Stati si sforzano sempre più di raggiungere una certa comunità universale" (*Gaudium et Spes* 9).

"Stando così le cose, il mondo si presenta oggi potente a un tempo e debole, capace di operare il meglio e il peggio, mentre gli si apre davanti la strada della libertà o della schiavitù, del progresso o del regresso, della fraternità o dell'odio. Inoltre l'uomo si rende conto che dipende da lui orientare bene le forze da lui stesso suscitate e che possano schiacciarlo o servirgli" (*ib.*).

Se ne rendono conto anche i giovani? Questa coscienza è quella che illumina e spinge il giovane "*vocatus*" per natura e per grazia ad impegnarsi nell'avventura della vita e senza di essa è vano aspettarci una risposta generosa attiva e contemplativa (Cf. II Parte *I.l.*: Interpretare: fede e discernimento vocazionale; 85-105).

Certo possono aprire l'orecchio del cuore all'ascolto della chiamata gli interrogativi più profondi dell'uomo che nascono dal grave squilibrio che [vi] è radicato (cfr. *Gaudium et Spes* 10), gli interrogativi capitali, che bisogna ricordare anche ai giovani di oggi: cos'è l'uomo? Qual è il significato del dolore, del male, della morte?... Che reca l'uomo alla società, e cosa può attendersi da essa? Cosa ci sarà dopo questa vita? (*ib.*).

*   *   *

A questo punto nella prima parte di *Gaudium et Spes* troviamo specialmente illustrata una delle componenti del tema sinodale "la vocazione dell'uomo". Vi esorto a riprendere la lettura di questi testi, per conto vostro, perché vi farà bene. Il Cap. I riguarda la dignità della persona umana (l'uomo ad immagine di Dio; il peccato; i costitutivi dell'uomo; la dignità dell'intelligenza, la verità e la sapienza; la dignità della coscienza morale; l'eccellenza della libertà; il mistero della morte; e poi una serie di passi sull'ateismo; e [ancora] Cristo, l'Uomo Nuovo [tema per me particolarmente affascinante per la gioventù].

Il II Capitolo concerne la comunità degli uomini (l'indole comunitaria [sociale] dell'umana vocazione [ancora vocazione] nel piano di Dio; l'interdipendenza della persona e della umana società;

per promuovere il bene comune [uno dei punti chiave della dottrina sociale della Chiesa, ora anche considerato dal punto di vista universale]; il rispetto della persona umana; il rispetto e l'amore per gli avversari; la fondamentale uguaglianza di tutti gli esseri umani e la giustizia sociale; occorre superare l'etica individualistica, responsabilità e partecipazione [argomento fondamentale da trattare con i giovani anche per il loro desiderio di protagonismo: cf. *I.l.* 199-200]; il Verbo incarnato e la solidarietà umana.

Il III capitolo della prima parte della Costituzione ha un titolo "cosmico", cioè l'attività umana nell'universo, che riguarda il lavoro (cf. *I.l.* 43-44; 152-155). Qui si giunge – come disse il Cardinale Ruini alla presentazione del mio *"Contrappunto per la sua [del Vaticano II] storia"*[60] – ad uno dei vertici dei testi conciliari, al N. 36, sulla "legittima autonomia delle realtà terrene", naturalmente giusta autonomia.

"Perciò la ricerca metodica di ogni disciplina, se procede in maniera veramente scientifica e secondo le norme morali non sarà mai in reale contrasto con la fede perché le realtà profane e le realtà della fede hanno origine dal medesimo Iddio... Se invece con l'espressione 'autonomia delle realtà temporali' si intende che le cose create non dipendono da Dio, e che l'uomo può adoperarle così da non riferirle al Creatore, allora nessuno che creda in Dio non avverte quanto false siano tali opinioni. La creatura infatti senza il

---

[60] AGOSTINO MARCHETTO, *Il Concilio Ecumenico Vaticano II. Contrappunto per la sua storia.* Città del Vaticano 2005.

creatore svanisce... Anzi, l'oblio di Dio priva di luce la creatura stessa".

Mi piace in fine di questo capitolo riportare almeno i sottotitoli seguenti, significativi: l'attività umana corrotta dal peccato, elevata a perfezione nel mistero pasquale [è il kerygma da testimoniare pure ai giovani perché lo vivano e lo proclamino, a loro volta], e terra nuova e cielo nuovo.

Nel capitolo IV della prima parte, infine, ecco presentata dal Concilio "La missione della Chiesa nel mondo contemporaneo" e così – ricordiamo – che anche i giovani possono e devono dire: "Pure noi siamo Chiesa". Faccio menzione qui solo degli ultimi due sottotitoli: "L'aiuto che la Chiesa riceve dal mondo contemporaneo" (e quindi), in vista del Sinodo, l'aiuto che essa riceverà dai giovani (contemporanei) e "Cristo l'alfa e l'omega", con applicazione per noi alla gioventù (*Gaudium et Spes*, 44 e 45).

Se poi seguiamo il procedere della Costituzione pastorale, nella sua II Parte, troviamo specificità di vocazioni (cf. *I.l.* 100-105), ancora in prospettiva nostra di discernimento: quelle al matrimonio e alla famiglia (capitolo I), già scandagliato dal Sinodo precedente, e con riferimento all'*Humanae Vitae*, enciclica così legata al Vaticano II e al tema del rispetto dell'esistenza umana, e poi la chiamata a far progredire la cultura integrale, con apertura all'insegnamento cristiano, la vita economico-sociale, al servizio dell'uomo, con combinazione di lavoro e tempo libero e convinzione di destinazione universale dei beni della terra, e ancora la vocazione, alla presa di responsabilità nella comunità politica, nella vita pubblica e infine la chiamata a promuovere la pace e la comunità internazionale dei popoli (capitolo IV).

Un'autorevole sintesi di quanto fin qui delineato la troviamo nell'ultimo messaggio del Concilio, proprio diretto ai giovani, a coloro cioè che "raccoglieranno la fiaccola dalle mani dei padri e vivranno nel mondo nel momento delle più giganstesche trasformazioni della sua storia". Il messaggio così continua: "La Chiesa durante quattro anni, ha lavorato per ringiovanire il proprio volto, per meglio corrispondere al disegno del proprio fondatore, il grande Vivente, il Cristo eternamente giovane". E al termine di questa imponente "revisione di vita, essa si volge a voi, "il linguaggio è diretto": è per voi giovani, per voi soprattutto, che essa con il suo Concilio ha acceso una luce, quella luce che rischiara l'avvenire, il vostro avvenire".

"La Chiesa è desiderosa che la società che voi vi accingete a costruire rispetti la dignità, la libertà, il diritto delle persone: e queste persone siete voi.

Essa è ansiosa di poter espandere anche in questa nuova società i suoi tesori sempre antichi e sempre nuovi: la fede, che le vostre anime possano attingere liberamente nella sua benefica chiarezza. Essa ha fiducia che voi troverete una tale forza ed una tale gioia che voi non sarete tentati, come taluni dei vostri predecessori, di cedere alla seduzione di filosofie dell'egoismo e del piacere, o a quelle della disperazione e del nichilismo; e che di fronte all'ateismo, fenomeno di stanchezza e di vecchiaia, voi saprete affermare la vostra fede nella vita e in quanto dà un senso alla vita: la certezza della esistenza di un Dio giusto e buono.

È a nome di questo Dio e del suo Figlio Gesù che noi vi esortiamo ad ampliare i vostri cuori secondo le dimensioni del mondo, ad intendere l'appello dei vostri fratelli, ed a mettere arditamente le vostre giovani energie al loro servizio. Lottate contro ogni egoismo. Rifiutate, di dar libero corso agli istinti della violenza e dell'odio, che generano le guerre e il loro triste corteo di miserie. Siate generosi, puri, rispettosi, sinceri. E costruite nell'entusiasmo un mondo migliore di quello attuale!

La Chiesa vi guarda con fiducia e con amore. Ricca di un lungo passato sempre in essa vivente, e camminando verso la perfezione umana nel tempo e verso i destini ultimi della storia e della vita, essa è la vera giovinezza del mondo. Essa possiede ciò che fa la forza o la bellezza dei giovani: la capacità di rallegrarsi per ciò che comincia, di darsi senza ritorno, di rinnovarsi e di ripartire per nuove conquiste. Guardatela, e voi ritroverete in essa il volto di Cristo, il vero eroe, umile e saggio, il profeta della verità e dell'amore, il compagno e l'amico dei giovani. Ed è appunto in nome di Cristo che noi vi salutiamo, che noi vi esortiamo, che noi vi benediciamo".

*   *   *

Certamente la vocazione può essere altresì a seguire Cristo più d'appresso, nella vita sacerdotale o religiosa o di totale consacrazione a Dio e ai fratelli nel mondo (cf. *I.l.* 201-202; 211; 133-136).

A questo proposito vi sono due documenti, sempre del Concilio, che dovrebbero essere analizzati. Ne ho fatto motivo di studio e preghiera in un libretto[61] da cui risulta che "il Decreto sulla formazione sacerdotale ne sottolinea la finalità pastorale, ma è quello sul ministero e la vita dei preti che manifesta soprattutto il vero contenuto della pastorale, il suo orientamento essenzialmente missionario, la duplice dimensione teocentrica e antropocentrica, l'esigenza di presenza fra gli uomini [e le donne, e la gioventù, ecc.] che esso comporta, la maniera di nutrire e unificare tutta la vita del Presbitero"[62].

Ma dobbiamo qui fermarci anche se per Ratzinger il testo conciliare *Presbyterorum Ordinis* è uno dei più ricchi e profondi per cui meriterebbe "un'analisi speciale per la molteplicità delle sue prospettive sulla missione, e per la sua importanza per una nuova comprensione del sacerdozio e dei sacramenti"[63]. "Sarebbe [dunque] sbagliato considerare l'*O.T.* un documento conciliare minore"[64].

---

[61] AGOSTINO MARCHETTO e GIOVANNI PARISE, *Riforma nella continuità. Riflessioni a cinquanta anni dal Concilio Vaticano II su* Presbyterorum Ordinis *e* Optatam Totius *per la formazione sacerdotale e un fecondo ministero presbiterale*, Solfanelli, Chieti 2016, pp. 79.

[62] *Ibidem*, p. 111.

[63] AGOSTINO MARCHETTO, *Il Concilio Ecumenico Vaticano II. Per la sua corretta ermeneutica*, Libreria Editrice Vaticana, Città del Vaticano 2012, p. 360.

[64] Vedi *supra* Nota 61, p. 32.

Ma vi sono altre vocazioni di speciale donazione a Dio e ai fratelli. A questo riguardo devo almeno richiamare alla memoria il Decreto *"Perfectae caritatis"* sul rinnovamento della vita religiosa in cui si dimostra che "il raggiungimento della carità perfetta per mezzo dei consigli evangelici trae origine dalla dottrina e dagli esempi del Divino Maestro, ed appare come una splendida caratteristica del Regno dei cieli" (*P.C.* 1).

* * *

"Orbene attraverso il percorso di questo prossimo Sinodo, la Chiesa vuole ribadire il proprio desiderio, e rinnovare lo zelo di incontrare, accompagnare, prendersi cura di ogni giovane, nessuno escluso"[65]. Diceva Papa Francesco nel giugno dello scorso anno: "Nessuna persona è un 'no', tutte le persone hanno un significato, un valore" (era una risposta alla sete di protagonismo dei giovani)[66].

"Prendersi cura, il custodire, chiede bontà, chiede di essere vissuto con tenerezza. Nei Vangeli, San Giuseppe [una delle grandi devozioni di Papa Francesco] appare come un nonno forte, coraggioso, ma nel suo animo emerge una grande tenerezza, che non è la virtù del debole, anzi, al contrario, denota fortezza d'animo

---

[65] SINODO DEI VESCOVI, *o. cit.,* p. 27. Cf. L'arte di accompagnare, *I.l.* cap. IV, 120-132.
[66] PAPA FRANCESCO, in un colloquio improvvisato, il 9/6/17, per l'inaugurazione della nuova sede di "scholas occurrentes".

e capacità, di attenzione, di compassione, di vera apertura all'altro, capacità di amore"[67].

*   *   *

Stiamo qui entrando nell'*accompagnamento vocazionale, in cui la fede*, in quanto partecipazione al modo di vedere di Gesù (cfr. *Lumen fidei*, 18), *è la fonte del discernimento* "perché ne offre i contenuti fondamentali, le articolazioni specifiche, lo stile singolare e la pedagogia propria"[68]. La fede "non è un rifugio per gente senza coraggio, ma la dilatazione della vita. Essa fa scoprire una grande chiamata, la vocazione all'amore e assicura che questo amore è affidabile, che vale la pena consegnarsi ad esso, perché il suo fondamento si trova nella fedeltà di Dio, più forte di ogni fragilità" (ed ancora questa è citazione di *Lumen fidei*, 53).

Le S. Scritture presentano numerosi racconti di *vocazione* e di risposta di giovani, o di un ragazzo. Ne ricorderò solo uno, quello della chiamata di Samuele (I° Samuele, 3, 1-10). Eli, sebbene padre incapace di condurre i propri figli sul cammino di Dio, è lui che "insegna" al piccolo cosa e come fare per rispondere alla chiamata notturna divina. Gli insegna a formulare una risposta stupenda: "parla Signore che il tuo servo ascolta". Straordinaria reazione di ogni chiamato, di grande bellezza. Ma voglio aggiungere (ne traggo

---

[67] PAPA FRANCESCO, *Omelia per l'inizio del ministero petrino*, il 19/03/13.
[68] SINODO DEI VESCOVI, *o. cit.*, p. 29; cf. *I.l.* 85-99.

la conseguenza) che per la misericordia di Dio per il suo Popolo, anche i non santi da altare diciamo così, possono cioè guidare chi si imbarca nella grande avventura della "sequela Christi": ciò naturalmente non significa che la testimonianza non sia componente nell'accompagnamento (cf. *I.l.* 212-214 e, soprattutto, di Papa Francesco, l'esortazione apostolica "Gaudete et Exultate" sulla chiamata alla santità nel mondo contemporaneo).

In ogni caso lo spazio di questo dialogo, di cui abbiamo un esempio in Samuele, è *la coscienza*. Essa "è il nucleo più segreto e il sacrario dell'uomo, dove egli è solo con Dio, la cui voce risuona nell'intimità" (*Gaudium et Spes*, 16; cf. *I.l.* 116-117).

"La coscienza è quindi uno spazio inviolabile in cui si manifesta l'invito ad accogliere una promessa. Discernere la voce dello Spirito dagli altri richiami e decidere che risposta dare è un compito che spetta all'interpellato, gli altri lo possono accompagnare e confermare ma mai sostituire".[69] E ciò mi ricorda *Amoris Laetitia* (N. 37).

"Prendere, poi, decisioni e orientare le proprie azioni in situazioni di incertezza e di fronte a spinte interiori contrastanti è l'ambito dell'esercizio del discernimento,[70] termine classico della tradizione della Chiesa, che si applica a una pluralità di situazioni. Vi è infatti

---

[69] *ib.*, p. 31.
[70] Cfr. *Francesco: Riforma e discernimento*. Conversazione con il Vescovo Agostino Marchetto (a cura di Alberto Leiss e Rosetta Stella) in *Critica Marxista* (nuova serie) 2-3/15, p. 49-56. (https: critica marxista.net/2015/06/15).

un discernimento dei segni dei tempi ... un *discernimento* morale, o spirituale"[71].

Ma per noi interessa, in vista del Sinodo, quello *vocazionale*, non è vero? pur nella vastità delle possibilità di chiamate, di cui abbiam parlato in precedenza. Ma sono gli avvenimenti della vita di ciascuno la voce dello Spirito? Bisogna discernere, coniugando i tre verbi di *Evangelii gaudium*, 51: riconoscere, interpretare e scegliere.

Il *riconoscimento* riguarda innanzi tutto gli effetti che gli avvenimenti, le persone, le parole producono nella mia interiorità. Mi sento attirato o spinto in una pluralità di direzioni senza che mi appaia nessuna come quella da imboccare? È il momento degli alti e dei bassi e in alcuni casi di una vera e propria lotta interiore. In questa fase la Parola di Dio riveste una grande importanza per arrivare all'*interpretazione*, per capire le esigenze morali della vita cristiana, sempre cercando di calarla nella situazione concreta che si sta vivendo; e qui vale l'*aiuto di "una persona esperta* nell'ascolto dello Spirito" (cf. *I.l.* 112-116 e 165: L'amicizia e l'accompagnamento tra pari).

"Una volta riconosciuto e interpretato il mondo dei desideri e delle passioni, l'atto di decidere diventa esercizio di autentica libertà umana e di responsabilità personale, sempre ovviamente situate e quindi limitate"[72].

L'obiettivo resta il promuovere scelte davvero libere e responsabili. *Il discernimento ne è lo strumento principe*, che permette di

---

[71] SINODO DEI VESCOVI, *o. cit.* p. 32s.
[72] *ib.*, p. 38; cf. *I.l.* cap. III, 106-115.

salvaguardare lo spazio inviolabile della coscienza, senza pretendere di sostituirsi ad essa e il tempo è fondamentale per verificare l'orientamento effettivo della decisione presa.

Nel Documento preparatorio al Sinodo, a proposito dell'*accompagnamento*, leggiamo "Alla base del discernimento possiamo rintracciare tre convinzioni, la prima è che lo Spirito di Dio agisce nel cuore di ogni uomo, la seconda è che il cuore umano si presenta generalmente diviso perché attratto da richiami diversi, o persino opposti. La terza convinzione è che comunque il percorso della vita impone di decidere (infatti, non si può rimanere nella indeterminazione all'infinito). Da ciò emerge l'importanza dell'*accompagnamento personale*"[73].

Ma la guida spirituale rinvia la persona al Signore e prepara il terreno all'incontro con Lui (cfr. *Gv.* 3, 29-30).

Concludo offrendovi il profilo ideale di chi accompagna un giovane nel discernimento vocazionale con ispirazione su brani evangelici, come fa il Documento preparatorio[74] (cf. *I.l.* 130-132).

Lo sguardo amorevole, benevolente, è posto all'inizio (con richiamo alla vocazione dei primi discepoli, cfr *Gv.* 1, 35-51); poi viene la parola autorevole (con aggancio all'insegnamento nella sinagoga di Cafarnao, cfr. *Lc.* 4, 32); quindi la capacità di "farsi prossimo" (cfr. *Lc.* 10, 25-37: la parabola del buon samaritano).

---

[73] cfr. SINODO DEI VESCOVI, *o.cit.*, p. 41s.
[74] *ib.*, p. 43.

Segue la scelta di "camminare accanto" (i discepoli di Emmaus, cfr. *Lc.* 24, 13-35).

Infine la testimonianza di autenticità, senza paura di andare contro i pregiudizi più diffusi (cfr. *Gv.*, 13, 1-20: la lavanda dei piedi nell'ultima cena).

Finisco con un grazie per la Vostra attenzione e con una esortazione: "Nel nome del Signore andate e fate anche voi lo stesso" e non abbiate paura, altresì voi giovani, di proporre pure cose grandi, con umiltà e coraggio, nutriti di preghiera.

La minoranza del Vaticano II dal "diario" Felici, suo segretario generale

Non posso iniziare questo mio intervento senza ricordare Mons. Vincenzo Carbone che ha speso la sua non breve vita, in gran parte, per il Concilio Vaticano II.

Basti dire che per le cure, esperte e solerti, del Prof. Vincenzo, Incaricato per tantissimi anni dell' Archivio del Concilio Ecumenico Vaticano II, abbiamo quel tesoro di pubblicazione che sono le Fonti ufficiali del Magno Sinodo, in 64 grossi tomi, purtroppo quasi tutti in latino, e ciò significa difficoltà di uso, oggi, anche per molti storici.

Degli ultimi due, riguardanti gli importanti *Acta Secretariae Generalis*, c'é una presentazione nel mio *Il Concilio Ecumenico Vaticano II. Contrappunto per la sua storia*, (L.E.V., Città del Vaticano 2005, pp. 339-346; d'ora in avanti *Contrappunto*) in cui appare altresì una Nota sull'aureo libretto del Carbone (Quaderno de *L'Oss. Rom.* n. 42) dal titolo significativo *Il Concilio Vaticano II, preparazione della Chiesa al Terzo Millennio* (*ib.*, pp. 346-349).

Quando poi Mons. Carbone andò in pensione egli non smise di occuparsi di quello che era il suo amore, il "suo" Concilio, per il cui felice esito aveva non poco e bene collaborato con il Segretario Generale Mons. Pericle Felici. E di fatto il suo "Diario" fu il pane quotidiano del lavoro indefesso e meticoloso del Prof. Vincenzo fino alla morte, in vista di una pubblicazione.

Così scrivevo, fra l'altro, su *L'Osservatore Romano*[75] nella sintetica presentazione *in mortem* di colui a cui dobbiamo, oltre all'Autore, questo "Diario", che ci aiuterà a delineare la minoranza conciliare.

Egli nacque il 5/4/1920 a Mercogliano e fu ordinato sacerdote il 27/6/43 nel Santuario di Montevergine, Abbazia *nullius* (Avellino). A Roma lasciò questo mondo il 13/02/2014.

*   *   *

Dopo il Nostro mi si perdonerà una parola sul curatore di questo volume[76], per spiegare la ragione "storica" del mio impegno al riguardo che si inserisce in quello, generale, della mia ricerca storica di una vita. Essa è bene illustrata nel volume *"Primato Pontificio ed Episcopato. Dal I millennio al Concilio Ecumenico Vaticano II. Studi in onore dell'Arcivescovo Agostino Marchetto* [per i 70 anni], a cura di Jean Ehret.[77] Basterà qui aggiungere che la porta d'entrata nell'arena della storia fu

---

[75] Cfr. *L'Osservatore Romano* del 14/2/14.

[76] VINCENZO CARBONE (†), *Il 'Diario' conciliare di Monsignor Pericle Felici* (a cura di Agostino Marchetto), L. E. V., Città del Vaticano 2015)

[77] Libreria Editrice Vaticana, Città del Vaticano 2013, pp. 765.

la mia tesi di laurea su *Episcopato e primato pontificio nelle Decretali Pseudo Isidoriane. Ricerca storico-giuridica*[78], il Medio Evo, dunque, con attenzione specialmente al binomio Papato-Episcopato. Lo testimoniano vari miei articoli e recensioni pubblicati soprattutto sulla *Rivista di Storia della Chiesa in Italia*, e su *Apollinaris*. Li raccolsi, tali lavori, nel grosso volume *Chiesa e Papato nella storia e nel Diritto. 25 anni di studi critici.*[79]

Ma nel 1990 ci fu un cambio di periodo nel primario mio interesse storico, con passaggio alla storia contemporanea, e più concretamente al Concilio Ecumenico Vaticano II. Non ero il primo a fare questo salto e non sarò di certo l'ultimo, ma esso mi fu imposto, posso dire proprio così, dal mio Professore alla Università Lateranense Mons. Michele Maccarrone.[80] "Basta Medio Evo!" – mi ingiunse – abbiamo bisogno di uno storico nell'età contemporanea, del resto così aveva fatto anche lui spaziandovi dall'antichità.[81]

E da ciò il mio incontro, la mia conoscenza di e l'interessamento e l'aiuto a Mons. Carbone, lo scambio di studi e di opinioni e punti di vista sul Magno Concilio (come ho sempre chiamato l'Ecumenico Vaticano II).

---

[78] Pontificia Università Lateranense, Roma 1971, XLVIII; pp. 312.
[79] Libreria Editrice Vaticana, Città del Vaticano 2002, pp. 771.
[80] Vedi MARIO SENSI, *Monsignore Michele Maccarrone e la Scuola storica lateranense*, in *Lateranum*, 69 (2003), pp. 343-400 e *Mons. Michele Maccarrone e l'apporto della scuola storica lateranense al Vaticano II*, in *Centro Vaticano II: Ricerche e Documenti*, 5 (2005), pp. 51-75.
[81] Vedasi la più importante bibliografia "antica", del Maccarrone, in AGOSTINO MARCHETTO, *Episcopato e primato pontificio, o.c.*, p. XXXIV.

Nel corso degli anni sono cresciute in me anche le dimensioni della figura di Mons. Pericle Felici (nato a Segni il I° Agosto 1911, ordinato presbitero il 28 ottobre 1933 e vescovo il 28 ottobre 1960, cardinale dal 29 giugno 1967, morto a Foggia il 22 marzo 1982), grazie al dialogo con il Carbone, che cominciò a parlarmi del suo "Diario" e di come egli, Incaricato dell'Archivio del Concilio Vaticano II, ne venne in possesso per la fiducia e stima che si era guadagnate presso l'Autore. Così il Segretario del Magno Sinodo gli aveva affidato in caso di morte improvvisa i suoi "segreti", indicandogli il "nascondiglio" che per essi aveva escogitato: il fondo di un inginocchiatoio, chiuso nella parte inferiore. E così infatti Mons. Carbone li trovò e cominciò a studiarne il contenuto e a trascriverlo.

Intanto nel 1992, nel X anniversario della morte dell'A., fu pubblicato il volume, a più mani, dal titolo *Il Cardinale Pericle Felici*[82] con presentazione di Vincenzo Fagiolo, e relativa biografia e bibliografia. Carbone vi illustra colui di cui si faceva memoria commemorativa quale Segretario Generale[83]. Mons. Julian Herranz, ora Cardinale, vi presenta invece un'altra funzione importante

---

[82] Libreria Editrice Vaticana, Città del Vaticano 1992, pp. 272. V. anche AA. VV., *Il Cardinale Pericle Felici (1911-1982). Convegno di studio nel ventennale della morte*. Diocesi suburbicaria di Velletri-Segni, Città del Vaticano, L.E.V. 2003.
[83] *Il Cardinale Pericle Felici*, o.c., pp. 159-194. *Ib*. pp. 23-95 la biografia e la nota bibliografica curata da Mons. Vincenzo Fagiolo che sarà poi creato cardinale.

dell'antico Segretario Generale, quella di Presidente della Pontificia Commissione per la revisione del Codice di Diritto Canonico.[84] Per il legame infine con la Sacra Romana Rota, il Tribunale che fece conoscere in Curia e agli esperti il futuro Segretario Generale del Concilio, si potrà consultare, con profitto, di Mons. Giuseppe Sciacca, lo studio di Pericle Felici uditore di *Rota*.[85] Da ricordare anche il suo ruolo di Presidente della Pontificia Commissione per l'interpretazione dei Decreti del Concilio Vaticano II e, dal 13 Settembre 1977, quello di Prefetto del Supremo Tribunale della Segnatura Apostolica.

Inoltre l'impegno pastorale, l'amore per il Seminario Romano dell'A. e la sofferenza per le sue difficoltà risulteranno evidentissimi dalla lettura del "Diario". Egli vi fu per vari anni, esattamente fino al 2 luglio 1959, Direttore Spirituale apprezzato e amato. Altresì evidente apparirà la funzione attiva e zelante di Vicario dell'Arciprete del Capitolo Vaticano, soprattutto quando lo fu il Sig. Cardinale Domenico Tardini.

*   *   *

---

[84] Vedi nota 8, pp. 195-223.
[85] Estratto da AV.VV., *Il Cardinale Pericle Felici, Convegno di studio nel ventennale della morte*, Libreria Editrice Vaticana, Roma 2003, pp. 33-49.

Per quanto riguarda il "Diario" e la sua pubblicazione, tenni con Mons. Carbone sempre vivo l'argomento, finché finalmente cominciò a leggermi il frutto della sua difficile trascrizione. Ma non si decideva e rimase così fino alla morte. Per grazia, peraltro, le sue sudate carte della trascrizione del "Diario" passarono finalmente alle mie mani – fu grazia su grazia, considerando... la storia – per la pubblicazione.

Ho ritenuto pure di definire tutto ciò, con un termine molto usato, comprensivo di memorie in vario senso sul Concilio, anche perché Mons. Carbone aveva deciso di "fondere" in un'unica testimonianza due elementi di ricordi scritti giorno dopo giorno dall'Autore. Voglio dire pensieri religiosi, fervorosi e profondi, - lo chiamerei anche "Diario" spirituale - e quello vero e proprio riguardante direttamente lo svolgersi del Concilio, più che l'anima di Mons. Felici.

Concretamente trattasi, rispettivamente, di 4 quaderni intitolati *Cogitationes cordis mei,* che vanno dal '58 a tutto il 61, e 8 agende annuali, che iniziano a raccontare, per cose nostre, dal 13 maggio '59 e giungono, pur con una mancante (quella del 61), al '67.

Il Carbone dunque combina, "fonde", per aggiunte che seguono il calendario, le due fonti - anzi per il '61 può servirsi solo delle *Cogitationes* - fornendo al tempo stesso la base, il "segreto" spirituale dell'A. nel corso degli anni di preparazione e realizzazione del

101

Vaticano II, con qualche supplemento ad esso relativo nel post-concilio.

Per la pubblicazione in sé mi si presentavano due opzioni, vale a dire ridurre l'estensione del Diario o invece rispettare quanto già deciso dal Carbone, anche per l'apparato critico, aggiungendo però quel che mancava, cosa che del resto mi era stato chiesta da lui in vita.

Anche per il rispetto che gli porto ho deciso – o meglio ho confermato – per la seconda delle alternative. Di conseguenza l'opera è rimasta pienamente di Mons. Carbone altresì per i continui rimandi agli *Acta et Documenta* e agli *Acta Synodalia*, 64 volumi più gli Indici e due Appendici, che egli ha editi nel corso degli anni. Per questa ragione nel mio citare qui il "Diario" mi limiterò a rimandare al giorno di riferimento, senza riprendere l'apparato critico che appare nella pubblicazione da me curata.

Sul testo del "Diario" ho scritto poi un *Addendum*[86], dopo che l'originale dei testi scritti dal Segretario Generale ci furono consegnati, il 18 novembre 2015, dai famigliari più stretti del Carbone, i quali li avevano presi in custodia, diciamo così, dopo la sua morte. Potevo dunque prenderli in mano a mio agio, nel loro insieme, e descriverli *sicut decet* (prima parte), con possibilità di

---

[86] AGOSTINO MARCHETTO, *Il 'Diario Conciliare di Monsignor Pericle Felici*. Addendum, L. E. V., Città del Vaticano 2016.

chiarire qualche punto della vulgata ripetuta a me *viva voce* da chi li trascrisse.

Nella seconda parte della pubblicazione c'è invece una mia introduzione dal titolo "Ricordando il Concilio", copia di una lettera autografa di Papa Francesco in occasione della presentazione in Campidoglio del "Diario" stesso, e vari testi specialmente quelli dei Relatori colà invitati ad illustrare l'opera in questione.

*   *   *

E ora possiamo cominciare la nostra ricerca su quanto questo "Diario" può offrire sul tema del nostro interesse, e cioè "La minoranza nel Vaticano II" come da esso risulta, anche se ci apparirà abbastanza presto che si tratta di minoranze puntuali nella loro costatabile fluttuazione e relativa mutabilità fino a portarci a dire, alla fine, che di minoranze variabili si tratta, di vari filoni di minoranza, secondo le materie in discussione, - gli schieramenti poi si creavano di volta in volta sulla base dell'argomento discusso e l'adesione di un padre conciliare poteva cambiare nel corso del dibattito, oppure nell'avvicendamento dei periodi conciliari- restando pur fermo che di una "minoranza" abbastanza ben delineata si può parlare. Questa analisi la si potrebbe compiere anche ricorrendo agli indici (voce Pericle Felici) dei miei volumi sul

Vaticano II, dopo la lettura del "Diario".[87] In ogni caso per questo mio intervento ricorderò in nota i richiami nei miei due studi fondamentali ai personaggi che via via verrò citando dal "Diario". Si potrà così seguire la loro "storia sinodale" in un cammino che i miei precedenti volumi possono offrire.

Ad ogni modo, in relazione a una non esatta "vulgata" che riguarda il Magno Sinodo mi limito a far rilevare, d'inizio, sempre dal "Diario", il cammino percorso nella preparazione del Concilio, per la nomina del suo Segretario Generale, per la formazione delle Commissioni incaricate della stesura dei documenti preparatori, ecc. ed inoltre a costatare la grande confidenza, e direi l'affetto, creatisi fra l'A. e Papa Giovanni.[88] Vi fu per lui obbedienza, e devozione. La malattia del Card. Tardini[89] causò poi rapporto sempre più diretto e frequente con il Pontefice che confida a Felici: "i nostri caratteri si incontrano ed è un bene per il concilio". Nel '61 (20/6) il Papa gli aveva intimato: "Aiutiamoci a vicenda. Facciamo come nel coro: prima canta uno, e mentre questi riposa, canta l'altro". Era per l'inizio delle congregazioni della Commissione Centrale (12-19/6/61). Quasi due anni più tardi (5/2/63) Giovanni XXIII assicura Felici: "Sappia che il Papa ha sempre per lei la sua stima e il suo affetto". Ormai verso la fine della vita, gli farà comunicare che

---

[87] Ai volumi in precedenza citati, che riguardano il Vaticano II, aggiungo *Il Concilio Ecumenico Vaticano II. Contrappunto per la sua storia*, Libreria Editrice Vaticana, Città del Vaticano 2005, pp. 370, e *Il Concilio Ecumenico Vaticano II. Per la sua corretta ermeneutica*, Libreria Editrice Vaticana, Città del Vaticano 2012, pp. 380.

[88] V. *Contrappunto*, voce GIOVANNI XXIII e RONCALLI A. G., p. 397 e 401 e *Per la sua corretta ermeneutica*, o.c., stesse voci, p. 371 e 376.

[89] Cfr. *Contrappunto* p. 402 e *Per la sua corretta ermeneutica* p. 377.

"il Papa apprezza lui e il suo lavoro", aggiungendo: "Anch'io lavoro per il Concilio, *anche e soprattutto adesso*" (25/5/63).

Scendendo all'analisi, più in dettaglio, nel contesto del procedere sinodale, dal "Diario" risulta essere stato il Card. Tardini a proporre che i Presidenti delle Commissioni Preparatorie fossero i Prefetti delle varie Congregazioni curiali (su ispirazione di un altro Mons. Felici, Angelo – ma questo è mio ricordo personale -), mentre Mons. Dell'Acqua[90] farà aggiungere una Commissione dei Laici. Comunque il Papa non vuole che i Segretari di tali Congregazioni lo siano delle Commissioni stesse. Nemmeno egli accetta subito la proposta a tale riguardo del Card. Ottaviani[91] a favore del P. Tromp[92], anche se poi l'accoglie per l'insistenza del Porporato. Sono indici già di dove batte il cuore di Papa Roncalli o dove manifesta le sue preoccupazioni e intenzioni, in fondo del suo rapporto con la minoranza.

Dal testo poi emerge chiarissima la soddisfazione del Papa per il lavoro di preparazione al Concilio compiuto dal Segretariato guidato da Mons. Felici, (v. "Diario" del 26/XII/60), la cui sede il Pontefice visita il 5/1/61 e questo sfata la vulgata che si è imposta circa la relazione maggioranza-minoranza. Tra i miei ricordi vi è anche quello della mancanza di menzione di una tale visita nel testo di coloro ai quali fu affidata la stesura dei quattro volumoni che furono

---

[90] V. *Contrappunto* p. 395 e *Per la sua corretta ermeneutica* p. 369.
[91] *Contrappunto* p. 400 e *Per la sua corretta ermeneutica* p. 374.
[92] *Contrappunto* p. 403 e *Per la sua corretta ermeneutica* p. 377.

pubblicati per la causa di beatificazione e canonizzazione di Papa Giovanni. Segno di come si trattava la minoranza da parte della "Scuola di Bologna" - a cui fu affidata l'opera -, a scapito della verità.

Comunque già il 3/1/62 il Vescovo di Roma aveva annunciato a Felici che egli sarebbe stato il Segretario Generale del Concilio e tutti i testi del '60 rivelano un grande intendimento fra i due e la benevolenza e predilezione del Sommo Pontefice. Ma la nomina è resa pubblica solo contemporaneamente al *Motu Proprio* di indizione del Concilio (6/9/62). A conferma, Felici nel suo "Diario", il giorno seguente, racconta la "storia" di tale nomina, ma il 2/7 precedente egli aveva già sottoposto al Papa il progetto del Regolamento sinodale.

Da segnalare è il fatto che il Sommo Pontefice il 21/5/62 esprime chiaramente la sua volontà che gli schemi preparatori, sui quali porrà delle note a commento (25/7/62), siano pastorali. Significativamente Felici aggiunge: con "una chiara dottrina". È un indice già di distinzione fra l'impostazione di maggioranza-minoranza, mi pare.

A tale proposito il 16/8/62 Giovanni XXIII parla con il Segretario Generale del progetto del Card. Suenens[93]. Anche i Cardinali Frings[94] e Döpfner[95], in antecedenza, il 7/5/61, avevano

---

[93] V. *Contrappunto* p. 402 e *Per la sua corretta ermeneutica* p. 377.
[94] Cfr. *Contrappunto* p. 395 e *Per la sua corretta ermeneutica* p. 370.

espresso il desiderio che si desse un carattere eminentemente pastorale alle Commissioni di studio.

La data di inizio è decisa il 28/1/62, ma invero già l'11/4/61 il Papa aveva menzionato l'autunno '62, nonostante i Cardinali Frings e Döpfner ritenessero opportuno di farla slittare a più tardi (6/7 e 9/5/61). Felici pensa di fatto a tre sessioni, mentre il Papa ne desidera due (3/7/62), auspicando la chiusura del Vaticano II in coincidenza con la celebrazione dell'anniversario del Concilio di Trento. È significativo proposito per chi vuol capire. La benevolenza pontificia verso l'Autore è di nuovo manifestata il 27/5/62 e il 20/10/62 e, in precedenza, il 30/9/61 e 2/10/61, nonché il 17 e 21/11/61.

Le difficoltà però non mancano al Segretario Generale, a cominciare con quella della salute. Finalmente il 27/8/63 ecco il liberatorio "sto meglio", ma il primo luglio '64 ancora accusa angustia, paura, esitazioni e dubbi. Mons. Felici è stato dunque sottoposto a dure prove durante il Magno Sinodo.

E tutto questo è vissuto all'interno della Curia, che l'Autore mostra di conoscere bene nelle sue malattie e intossicazioni, cioè la superbia, l'arrivismo (10/11/61), le ambizioni (Papa Roncalli "le riprova anche quelle che egli deve soddisfare": 12/2/61; v. anche 10/3/61, con lettura di un passo su come devono essere i Vescovi

---

95 V. *Contrappunto* p.402 e *Per la sua corretta ermeneutica* p. 377.

secondo S. Lorenzo Giustiniani), il poco spirito sacerdotale (13/6/61). E questo è segno di distacco almeno da una parte della minoranza, pur non correndo noi il rischio di identificarla con essa.

Dunque la visione della Curia nel "Diario" non è idilliaca poiché risultano evidenti le sue "malattie spesso rilevate, con dolore, da Felici, cioè, ripetiamo, invidia, gelosia, corsa ai posti di "comando", carrierismo insomma. Il 31/12/62 egli perciò scrive che la Chiesa ha bisogno di una riforma e per quella necessaria su se stesso ci sono prove in continuazione nel Diario, dove l'Autore rivela una profonda spiritualità (16/9/61, 15/10/61, 26/11/61, 26/9/61 con citazione sintetica di Rosmini: "orazione e croce"). Potrei aggiungere tradizionale a spiritualità, con aggettivo che nulla toglie a profondità e autenticità, anzi. E ciò indica forse un altro distacco dalla maggioranza. A questo proposito approfitto per rilevare la distinzione fra tradizionale e tradizionalista, cosa che non si fa da parte di molti, anche fra gli storici.

Certo che se l'Autore non avesse affrontato con perseveranza a fine giornata la scrittura delle sue memorie, diciamo così, ("che fatica"! 19/11/59) ci mancherebbero vicende sinodali vissute dal di dentro, in un posto di straordinario servizio e di visione complessiva delle cose.

Le difficoltà insomma furono tali che sorse in lui perfino la tentazione di dimettersi (7/5/62). Il Papa gli rispose "Per carità no, non ci pensi neppure". Esse nascono anche con la Segreteria di

Stato, con il Card. Testa[96], e con Staffa[97] e Palazzini[98] (3/10/61), e per la nomina dei Sottosegretari (14/10/62). Significativamente per le relazioni esistenti all'interno della minoranza, che giungono a farci dire che ci sono minoranze e minoranze, Felici, un uomo in essa particolarmente qualificato, in effetti una volta arriva a fare tutta la lista delle sue proposte non accolte (15/10/62), anche perché si sappiano quali furono le sue reali responsabilità nelle decisioni poi prese dai Superiori. Per le contrarietà sofferte egli formula anche una sua critica a quelle ricevute (27/12/62). C'è menzione perfino del Card. Montini[99] (che lo definisce "il gancio a cui è appesa tutta la preparazione del Concilio". Felici risponde: "Sono il facchino", invece: 4/11/61) e lo è per maggioranza (pur tenendo in conto la questione Dossetti[100]) e minoranza. In ogni caso all'inizio del concilio ricorda: "Ora non sono più a me stesso, sono della Chiesa, del Concilio, del Papa" (10/10/62 e 1/1/63). Non appartiene dunque *in voto* né alla minoranza né alla maggioranza.

Intanto ecco il giorno di apertura del Concilio che il Segretario Generale descrive con molta semplicità (11/10/62). Al termine della prima sessione il Papa ha uno sguardo positivo sul Magno Sinodo e rassicura (17/12/62; v. il 7/12/62: vi è una specie di bilancio), nonostante la difficoltà iniziale della votazione sugli elenchi dei componenti le Commissioni conciliari (v. nota 4 del 13/10/62; basta

---

[96] Cfr. *Contrappunto* p. 402 e *Per la sua corretta ermeneutica* p. 377.
[97] V. *Per la sua corretta ermeneutica* p. 374.
[98] Cfr. *Contrappunto* p. 399-400.
[99] V. *Contrappunto* p. 395 e *Per la sua corretta ermeneutica* p. 370.
[100] V. *Contrappunto* p. 395 e *Per la sua corretta ermeneutica*, p. 369.

comunque alla fine la maggioranza: 19/10/62, nota 13, come pensava Felici). Egli in questa occasione "si confessa" (22/10/62).

Vi è anche menzione, nel "Diario", all'origine del messaggio dei Padri al Popolo di Dio (20/10/62) e alla decisione sul *de Fontibus* (20 e 21/11/69) con validi giudizi.

Considerato il ruolo dei giornalisti che seguono l'avvenimento varrà ricordare che la loro "questione" inizia nel luglio '61. Il Papa vuole un ufficio all'altezza del Magno Sinodo e dell'importanza dell'impegno (16/5/61). Felici ha difficoltà di procedere (17/6/61).

Occhieggia qui anche qualche giudizio rilevatore del suo stato d'animo. Fra i Cardinali ci sono dei "garibaldini" e Cicognani[101] "più che a trascinare tende a farsi trascinare", nota Papa Giovanni XXIII (12/10/61). *In mortem* di Tardini il Papa lo aveva definito "un vero galantuomo" (30/7/61) e Felici: "un angelo tutelare per il mio lavoro in preparazione del Concilio" (5/11/61; v. però altresì 21/5/64). Sono indicazioni preziose per "situare" Felici stesso.

Ma arriva purtroppo anche la fine, nella figura di questo mondo, del pontificato giovanneo e siamo all'"interregno" e l'A. prende nota di due suoi dialoghi, con il Card. Döpfner e poi con Spellman[102]. L'Arcivescovo di Monaco ha "qualche preoccupazione per l'avvenire, e ciò è naturale avendo fino ad ora – nota Felici – i

---

[101] V. *Contrappunto* p. 395 e *Per la sua corretta ermeneutica*, p. 369.
[102] Cfr. *Contrappunto*, p. 402 e *Per la sua corretta ermeneutica*, p. 377.

Cardinali esteri avuto un peso non piccolo nei lavori del Concilio" (10/06/63). È segno di dove non pende il cuore di Felici?

Spellman, invece, asserisce che "non credeva di trovare a Roma una opposizione, 'così atroce', alla candidatura del Card. Montini" (11/6/63). Ma "L'orazione di Tondini *pro eligendo* non è felice, mette troppo in evidenza le critiche degli ambienti curiali sul trascorso pontificato. Certamente creerà reazione in molti Cardinali esteri e influirà sul Conclave. Conoscendo la stima di cui gode presso di loro e la campagna che fa in suo favore il Card. Micara[103], sono ormai sicuro della sua [di Montini] elezione" (19/6/63). E così è.

Il nuovo Papa vuole presto vedere l'A. e lo accoglie con un significativo "Io ho in lei piena fiducia" (5/7/63). Rispondendo al suo invito, Felici, il 29/8/63, gli propone che la direzione del Magno Sinodo sia affidata a 4 o 5 Eminentissimi, ma il Segretario di Stato fa aggiungere allo scritto che il Consiglio di Presidenza rimanga come organo supremo. Finalmente il Segretario Generale spiega la sua formula propositiva "che finì per piacere", mentre invece egli si dichiara poco convinto delle modifiche apportate al Regolamento. A proposito, poi, dei Moderatori, l'A. dichiara al Segretario di Stato che alcuni erano uomini di parte e quindi poco adatti a "moderare". Sono aperture rivelatrici di dove stia Felici.

A questo proposito egli stesso si esamina, più tardi (21/6/64), osservando quasi con distacco (è questo però uno dei passi più

---

[103] V. *Per la sua corretta ermeneutica* p. 374.

chiari e utili e sinceri per il nostro tema sulla minoranza): "Talora io penso come possa essere toccato a me l'ufficio di Segretario del Concilio Ecumenico. Un po' per carattere, un po' per formazione, un po' per ministero esercitato con certi orientamenti, io mi trovo a condividere nella dottrina e nella pratica alcune posizioni che si è convenuto chiamare tradizionali, pur guardando con serenità – così mi sembra – a delle aperture, che possono migliorare gli spiriti e renderli più adatti alla diffusione del vero e del bene.

In Seminario, particolarmente, ho cercato di correggere (più che combattere) alcune ideologie di marca tedesca o francese, riguardanti l'ascetica, la liturgia, la formazione spirituale, la morale, ecc.

Ora invece mi trovo al Concilio a dover fare l'imparziale fra diverse tendenze; e quello che fa la voce più grossa è quello a cui io ho guardato con una certa preoccupazione. Il guaio è che in pratica la preoccupazione è anche dei Superiori, nonostante che anche loro debbano guardare con una certa imparzialità a questo fiorire di cervelli e talora ne sentano il fascino. Naturalmente chi deve eseguire (senza poter dire la fonte) è il Segretario Generale, il quale dovrebbe combinare cose in pratica assai scombinate. Nonostante ciò io ho piena fiducia nella grazia del Signore e nel tempo. Nelle mie capacità confido molto poco. Andiamo avanti, *in nomine Domini*, da cui viene l'aiuto".

Il 29/IX/63 il Segretario Generale scrive che avrà d'ora in avanti udienza papale ogni giovedì, prima dei Moderatori. A loro proposito, molto interessante è quanto Felici affida al suo "Diario", conferma di una difficoltà di rapporti, poiché essi seguirono non una sola volta vie poco prudenti, volendo far da sé. Ciò si manifesta a vista di tutti (v. nel "Diario" ottobre '63) per la questione famosa dei quesiti da sottoporre ai Padri, con distruzione delle prime schede preparate dai Moderatori, e votazione del 30/X/63: "pagina poco onorevole", commenta Felici.

Questo nodo nelle relazioni ritorna più volte nelle "memorie", legato soprattutto alla questione della collegialità, con citazioni significative, al riguardo, di Papa Paolo[104] (23/1/64, 31/1/64, 12/3/64, 23/3/64, 27/3/64, 1/4/64, 9/4/64, 6/5/64, 14/5/64, 16/5/64, 18/5/64, 3/6/64, 10/6/64: un po' di dispiacere papale per la posizione assunta da Mons. Parente[105], 17/6/64: nuovo testo e suggerimenti di Felici, 5/8/64: egli avrebbe "preferito una maggior precisione di linguaggio e una più esatta documentazione di fonti", 9/9/64: il capitolo della collegialità, per Paolo VI, "è una spina", 17/9/64: nota lettera di Cardinali ed altri Padri intesa a sospendere la votazione sul cap. III del *De Ecclesia*; per Felici, invece, bisogna continuare, 22/9/64: "il Papa non ci ha dormito"; 23/9/64: Il Segretario Generale gli suggerisce un intervento di Philips[106] e non di

---

[104] V. *Contrappunto*, p. 400 e *Per la sua corretta ermeneutica* p. 375.
[105] V. *Contrappunto*, p. 400 e *Per la sua corretta ermeneutica* p. 375.
[106] Cfr. *Contrappunto* p. 400 e *Per la sua corretta ermeneutica* p. 375.

Ruffini[107], come invece pensava Paolo VI, per una mediazione anche sul *De Beata*. Felici conclude (30/9/64): "molti 'nodi' per il cap. III *De Ecclesia* approvato. "Speriamo che alcuni punti vengano migliorati o corretti. Altrimenti il primato del Papa, per quanto venga affermato fino a stancare, avrà certamente un colpo non lieve. V'è tutto uno sforzo per condizionare in qualche modo l'azione pontificale del Papa". Anche questo è pensiero di minoranza, che sostiene il Primato pontificio e tutto ciò che lo difende.

Il Segretario Generale affronta altresì la difficoltà sorta per gli strumenti di comunicazione sociale, ricevendo la solidarietà del Pontefice (1/1/64, 9/4/64, 21/5/64). Certamente nel riportare avvenimenti e giudizi, nel suo Diario, Felici rimanda a quanto "già messo" in archivio, ma quel che scrive qui sui punti caldi sinodali rivela il pensiero dell'A. con chiarezza e anche le sue contrarietà. Peraltro il suo ruolo in più momenti appare decisivo, come attesta la scelta della formula di conferma papale dei documenti finali sinodali, nonostante quanto affermato finora da molti.

Per il fatto poi, che Paolo VI affida al Segretario Generale sempre più gravi incombenze, con il passare del tempo e con il crescere della fiducia e per la generosità di Mons. Felici nell'adempiere i compiti affidatigli, egli deve "seguire" periti ed esperti (2/1/64: "disappunto papale per P. Congar"[108], 23/1/64: a causa dei gesuiti olandesi e di "Concilium", 27 e 28/2/64 per P.

---

[107] V. *Contrappunto* p. 401 e *Per la sua corretta ermeneutica* p. 376.
[108] Cfr. *Contrappunto* p. 395 e *Per la sua corretta ermeneutica* p. 369.

Murphy: "sappia che lavora contro la Chiesa" (15/1/64): per R. La Valle[109] e G. Alberigo[110], attraverso il Card. Lercaro[111], 9/4/64: dunque vigilanza, 3/6/64: il Papa "è preoccupato per l'intraprendenza e l'inobbedienza di alcuni periti"). Da seguire è altresì il nuovo organismo ("Consilium") per la Liturgia (9/1/64, 4/2/64, 13/2/64: il Papa è dispiaciuto per l'atteggiamento poco equilibrato del Card. Lercaro, e per Mons. Carli[112] "così polemico e poco comprensivo". Ancora è la volta di alcuni periti (31/12/64, 18/2/65, 18/3/64: su Küng[113] 10/2/65: "insubordinazione e ribellione", 18/2/65: circa gli Osservatori, 10/6/65: di nuovo sui periti, 10/2/65 riguardo a Mons. Parente). Tutto questo è rivelatore soprattutto di peoccupazioni che possiamo chiamare di minoranza anche se espresse dal Papa, che pur con equilibrio si colloca nella sua responsabilità massima di Successore di Pietro.

Paolo VI e il Segretario Generale concordano inoltre un testo finale riguardante gli ebrei (21/5/64 e 2/7/64: non piace la proposta Lercaro, v. pure 12/2/65), mentre il Papa si rivela non completamente soddisfatto dello schema XVII che si chiamerà poi XIII nei giorni 7/10/64: "raffazzonato e di esito assai incerto", secondo Felici, 11/5/65, 2/12/65 e 5/12/65: sulla guerra.

---

[109] V. *Contrappunto* p. 398.
[110] V. *Contrappunto* p. 393 e *Per la sua corretta ermeneutica* p. 367.
[111] Cfr. *Contrappunto* p. 399 e *Per la sua corretta ermeneutica* p. 373.
[112] V. *Contrappunto* p. 394 e *Per la sua corretta ermeneutica* p. 368.
[113] Cfr. *Contrappunto* p. 398 e *Per la sua corretta ermeneutica* p. 372.

A Papa Paolo non piace molto altresì lo schema *De Libertate* (24/9/64, 13/10/64, 15/10/64, v. poi 18/11/64, 19/11/64, 25/3/65, 16/9/65, 17/9/65, 20/9/65, 2/12/65). L'orientamento del Pontefice sarebbe stato pure di chiudere il Magno Sinodo nel '64 (12/3/64; 26/8/64, ma il 9/4/64 aveva detto a Felici: "si prepari alla IV sessione").

Degno di attenta lettura per intravvedere minoranza e maggioranza è inoltre quanto l'Autore scrive su alcuni snodi delicati del Concilio nei suoi due ultimi anni.

In primo luogo il capitolo III di *Lumen Gentium* e la *Nota Explicativa Praevia* (11/11/64: il Papa chiede modifiche del testo altrimenti non potrà approvare, 8/11/64, 16/11/64, 21/11/64: "trionfo del Papa e della Madonna", commenta Felici, rivelando il suo animo e quello della minoranza; ma, 28/1/65: bisognerà "evitare polemiche e far parlare i documenti" nota il Segretario Generale, 10/2/65: Paolo VI si lamenta degli interventi di Mons. Parente sulla questione della *Nota Praevia*. Il 4/3/65 Felici conclude: "A mio giudizio il S. P. si preoccupa troppo e mostra di aver paura. Non c'è di peggio, mi sembra, per un governo davanti a delle persone talora violente". Queste parole peraltro sono da leggere tenendo in conto le altre di ammirazione proprio per la fortezza del Papa (21/11/64 e 18/11/64).

Passando (26/11/65) alle proposte fatte da Paolo VI nella questione del matrimonio il Papa esprime il suo disappunto per la reazione provocata nella Commissione. Comunque egli accetta pure altre formulazioni, purché rispondano al suo pensiero; se gli altri hanno la coscienza, anche Paolo VI ha la sua, e deve seguirla, "per non compromettere la vera dottrina della Chiesa, che in tutto lo schema non è sempre esposta con la dovuta limpidezza (anche qui la preoccupazione per la dottrina, che è piuttosto caratteristica della minoranza). E poi cosa è tutto questo parlare di amore, amore, amore senza dire che il fine primario del matrimonio è il *bonum prolis?* E perché non denunziare gli antifecondativi e i contraccettivi quando si condanna, l'aborto e l'infanticidio?" La posizione di Paolo VI è dunque chiarissima e sboccerà nella *Humanae Vitae*.

"Le parole del Papa mi danno tanto conforto e glielo dico", aggiunge Felici. Fa da sfondo a questo discorso quello del Cardinale Suenens sulla limitazione delle nascite (29/10/64), poi da lui rettificato (7/11/64).

Di rilievo altresì sono alcuni tratti del Diario sul *de Oecumenismo,* già approvato, che non "dà sicurezza al Papa e quindi non potrà passare in questa sessione". La cosa invece avviene (16/11/64), poiché il Cardinale Bea[114] e Mons. Willebrands[115] accettano tutte le modifiche proposte da Paolo VI (18/11/64).

Sulla Divina Rivelazione varrà ricordare inoltre una sua costante, come risulta dal Diario, e cioè la sua volontà che lo schema parli di

---

[114] Cfr. *Contrappunto* p. 403 e *Per la sua corretta ermeneutica* p. 378.
[115] Cfr. *Contrappunto* p. 403 e *Per la sua corretta ermeneutica* p. 378.

più e più chiaramente della Tradizione come fonte costitutiva della Rivelazione stessa. Così il 23/9/65 il Pontefice incarica Felici di notificarlo alla Commissione. Anche in questo siamo nella linea della minoranza conciliare

Ad ogni modo (14/10/65) il Papa, "delle modifiche fatte dalle Commissione Teologica nello schema, dietro suo suggerimento, non è completamente entusiasta; avrebbe desiderato di più, comunque si contenta". In tal giorno Paolo VI fa cenno al Segretario Generale di due lettere scritte da Em.mi in cui si critica il suo modo di intervenire presso la Commissione Teologica. "Ha loro risposto affermando che il Papa non può limitarsi ad approvare o no, alla fine; ma deve anche *in itinere*, consigliare, persuadere, ecc". Felici aggiunge qui un *Optime*! Di approvazione.

Per quanto riguarda la questione della condanna del comunismo e del relativo ricorso di Mons. Carli, la proposta di soluzione di Mons. Felici è accettata dal Pontefice e da tutti (26/11/65). Questo dice delle divisioni all'interno anche della minoranza, come è del resto nella maggioranza. In entrambi le "ali" del Concilio vi sono delle estremità renitenti al continuo sforzo pontificio di condurre al *consensus*, che diventerà alla fine quasi unanimità. In effetti sulla questione di merito (circa la condanna del comunismo) si è d'accordo di non rinnovarla espressamente, ma nella Relazione si dirà che i suoi errori son già condannati nel testo, come del resto lo sono dal Magistero della Chiesa; e se si evita di entrare esplicitamente ora nella questione, è per sfuggire a interpretazioni politiche; nel testo conciliare (in nota) poi si richiameranno le Encicliche ove il comunismo stesso è apertamente denunziato e condannato.

Potremo anche rilevare l'accoglienza, definirei cordiale, un apprezzamento, da parte di Felici, della riforma liturgica conciliare, di un grande latinista come lui. E qui di nuovo abbiamo un esempio di sensibilità diverse all'interno della minoranza. "Il nuovo rito riesce bene" scrive il 19/3/65, "la partecipazione dei fedeli è più intensa", ciò lo porta a difendere l'italiano introdotto in S. Pietro in opposizione ad alcuni Capitolari che vorrebbero la Messa continuasse tutta in latino. Così la minoranza contraria appare anche in S. Pietro.

Interesserà altresì qualche aspetto della relazione specialmente del Segretario Generale con i Moderatori, che non furono del tutto serene, come già sappiamo.

Il 15/10/64 Felici manifesta l'impressione che tre di loro stiano sia al governo che all'opposizione. "I Moderatori bisogna moderarli" osserva Paolo VI (il 13/10/64, scherzando, ma non troppo). Il Segretario Generale asserisce che i Moderatori "hanno fatto altolà al Papa". Peraltro successivamente c'è un dialogo di chiarimento con Döpfner. Felici osserva (19/10/64): "I Moderatori praticamente influenzano il Papa; hanno capito che non è un carattere forte e deciso. Ho detto scherzando che in questa maniera si viene instaurando di fatto un conciliarismo. Mi auguro che questi pensieri siano sciocchi. Ma chi sa!"

Significativo comunque è quanto Felici suggerisce a Paolo VI, il 6/5/65, cioè di "lasciare gli organi direttivi del Concilio già come sono; solo si dovrebbe raccomandare ai Moderatori di essere veramente tali; non dovrebbero prendere posizione per questa o quell'altra tendenza, né esprimere opinioni personali. E il Santo Padre è d'accordo; è il suo pensiero".

Il 10/6/65 il Papa esprime ancora la sua preoccupazione per i Moderatori, ma vede anche di poco buon occhio alcune iniziative della CEI e del *Coetus Internationalis Patrum*[116] (13/8/65).

Però oltre ai Moderatori pure la Segreteria di Stato crea – secondo Felici – qualche difficoltà, cosicchè auspica (15/10/64) che essa "non si interessi più direttamente dei problemi conciliari (ogni volta che lo ha fatto, ha messo confusione)". Implicito risulta qui la diversità di visione fra il Sostituto Mons. Dell'Acqua e il Segretario Generale del Concilio.

A completamento indicativo, e testimonianza delle divisioni nella minoranza conciliare, e all'interno della Curia stessa, ricordo un altro "sfogo" di Felici affidato al Diario per quanto concerne l'accusa a lui rivolta di essere appunto "il manutengolo della Curia Romana"

---

[116] V. *Per la sua corretta ermeneutica* p. 369.

(19/10/64). "Se sapessero costoro - si lagna fra sé e sé- quanto ho dovuto soffrire per alcuni suoi Prelati"! E aggiunge "se la campagna [denigratoria] continuerà potranno cambiarmi mestiere e ne ringrazierei Iddio" (19/10/64).

Queste "sono le spine che ci capitano nel nostro lavoro" (15/10/64), esclama a questo proposito il Papa e aggiunge con pena: "non mi fanno più dormire", e non è la prima volta che così confessa la sua tensione, si badi bene (v. 8/11/64).

Ci avviciniamo nel Diario alla fine del Concilio e già vi è scambio di vedute del Papa con Felici per la fase post-conciliare. Per questa ragione qui raccogliamo anche noi, prima di concludere, una lode al magno Sinodo da parte di Felici stesso e ciò controbilancia e sfuma tante cose da lui scritte di getto e sotto pressioni e angustie giornaliere, specialmente nei periodi particolarmente duri e faticosi, trascorsi con difficoltà anche psicologica. Ecco le sue precise parole di apprezzamento: "Forse nessun Concilio ha avuto una fine così bella e promettente (8/12/65), coronata – mi sia lecito ricordarlo - da un pranzo con Paolo VI, che aveva invitato in quel giorno di chiusura anche i Monss. C. Colombo[117] e Willebrands. Il Papa vi si mostrò molto soddisfatto del Magno Sinodo ed ebbe altresì, il 17/12/65, parole altamente elogiative per la Segreteria Generale ricevuta in udienza.

---

[117] Cfr. *Contrappunto* p. 395 e *Per la sua corretta ermeneutica* p. 369.

Una osservazione di saggezza, di vita anche sinodale, vorrei infine menzionare, scritta alla fine del 1965 (28/12/65): "Purtroppo le nomine bisogna farle più per contentare persone che per servire bene la causa. Il Concilio *plura me docuit* anche in questo". Con tale dura considerazione ritorniamo a quel che diceva Papa Giovanni, riferito nelle prime pagine del Diario. La terra gira, gira, ma le umane debolezze rimangono, a condizionare pure il cammino della Chiesa verso il Regno di cui essa è però il germe e l'inizio (cfr. L.G. 5).

Profitto di questa "combinata" papale di responsabilità per confermare, al termine, il mio giudizio storico sui due Pontefici conciliari che vi stanno molto bene insieme e hanno operato per la sua riuscita, ciascuno certo con la propria fisionomia, per l'aggiornamento, la riforma, il rinnovamento ecclesiale, ma non certo nella linea della rottura, sebbene nella continuità dell'unico soggetto Chiesa.

E posso aggiungere che anche la minoranza ne ha avuto il merito.

Paolo VI visto dal diario dell'arcivescovo Pericle Felici, segretario generale del Vaticano II

Nel mio recente intervento al Congresso della Rivista *Annuarium Historiae Conciliorum*, intitolato, *La minoranza nel Concilio Vaticano II dal "Diario" di Mons. Felici*, ricordavo d'inizio Mons. Vincenzo Carbone che lo trascrisse e in parte stese il suo apparato critico che fu edito a mia cura e tracciavo una presentazione del suo Autore.

Ad esso rimando nell'impossibilità per ragioni di tempo di fare qui altrettanto. Decido pure di agire allo stesso modo per quel che mi riguarda, rilevando solo che per l'apparato critico di questo mio intervento ricorderò in nota i richiami (ma non ne leggerò il testo) ai miei due studi fondamentali relativi ai personaggi che via via vorrò richiamare dal "Diario".

Per i passi citati del testo Felici indicherò invece soltanto il riferimento di data della mia edizione, che farà facilmente trovare i richiami dell'edizione delle relative fonti conciliari, cioè gli *Acta et Documenta* e gli *Acta Synodalia*, in totale 64 grossi volumi[118].

*   *   *

---

[118] V. CARBONE, *Il "Diario" conciliare di Monsignore Pericle Felici*, (a cura di A. Marchetto), L.E.V., Città del Vaticano, 2015; A. MARCHETTO, Il "Diario" conciliare di Mons. Pericle Felici, *Addendum*, L.E.V., Città del Vaticano 2016; ID., *Il Concilio Ecumenico Vaticano II. Contrappunto per la sua storia*, Città del Vaticano 2005; ID, *Il Concilio Ecumenico Vaticano II. Per la sua corretta ermeneutica*, L.E.V., Città del Vaticano 2012.

Naturalmente per rispettare il campo di ricerca di questo nostro incontro non presenterò quanto risulta del Papa Giovanni XXIII dal "Diario" Felici, ma inizierò dalla fine del Pontificato giovanneo con nota di Felici, durante l'"interregno", del suo dialogo con i Card. Döpfner e Spellman.

Quest'ultimo asserisce che "non credeva di trovare a Roma una opposizione, 'così atroce', alla candidatura del Card. Montini" (11/6/63). Ma "L'orazione di Tondini *pro eligendo* non è felice, mette troppo in evidenza le critiche degli ambienti curiali sul trascorso pontificato. Certamente creerà reazione in molti Cardinali esteri e influirà sul Conclave – nota Felici che così prosegue –: "Conoscendo la stima di cui gode presso di loro e la campagna che fa in suo favore il Card. Micara[119], sono ormai sicuro della sua [di Montini] elezione" (19/6/63). E così fu.

Il nuovo Papa vuole presto vedere il Segretario Generale e lo accoglie con un significativo "Io ho in lei piena fiducia" (5/7/63). Rispondendo al suo invito, Felici, il 29/8/63, gli propone che la direzione del Magno Sinodo sia affidata a 4 o 5 Eminentissimi [Cardinali], ma il Segretario di Stato fa aggiungere allo scritto che il Consiglio di Presidenza rimanga come organo supremo. Finalmente il Segretario Generale spiega la sua formula propositiva "che finì per piacere", mentre invece egli si dichiara poco convinto delle

---

[119] *Per la sua corretta ermeneutica* p. 374.

modifiche apportate al Regolamento. A proposito, poi, dei Moderatori, l'A. dice al Segretario di Stato che alcuni erano uomini di parte e quindi poco adatti a "moderare". Sono aperture rivelatrici di dove stia Felici.

A questo proposito egli stesso si esamina, più tardi (21/6/64), osservando quasi con distacco. "Talora io penso come possa essere toccato a me l'ufficio di Segretario del Concilio Ecumenico. Un po' per carattere, un po' per formazione, un po' per ministero esercitato con certi orientamenti, io mi trovo a condividere nella dottrina e nella pratica alcune posizioni che si è convenuto chiamare tradizionali, pur guardando con serenità – così mi sembra – a delle aperture, che possono migliorare gli spiriti e renderli più adatti alla diffusione del vero e del bene.

In Seminario, particolarmente, ho cercato di correggere (più che combattere) alcune ideologie di marca tedesca o francese, riguardanti l'ascetica, la liturgia, la formazione spirituale, la morale, ecc.

Ora invece mi trovo al Concilio a dover fare l'imparziale fra diverse tendenze; e quello che fa la voce più grossa è quello a cui io ho guardato con una certa preoccupazione. Il guaio è che in pratica la preoccupazione è anche dei Superiori, nonostante che anche loro debbano guardare con una certa imparzialità a questo fiorire di cervelli e talora ne sentano il fascino. Naturalmente chi deve eseguire (senza poter dire la fonte) è il Segretario Generale, il quale dovrebbe combinare cose in pratica assai scombinate. Nonostante ciò io ho piena fiducia nella grazia del Signore e nel tempo. Nelle mie capacità confido molto poco. Andiamo avanti, *in nomine Domini*, da cui viene l'aiuto".

Il 29/IX/63 il Segretario Generale scrive, ed è significativo per l'orientamento di Papa Montini, che avrà d'ora in avanti udienza papale ogni giovedì, prima dei Moderatori. A loro proposito, molto interessante è quanto Felici affida al suo "Diario", conferma di una difficoltà di rapporti, poiché essi seguirono non una sola volta vie poco prudenti, volendo far da sé. Ciò si manifesta a vista di tutti (v. nel "Diario" ottobre '63) per la questione famosa dei quesiti da sottoporre ai Padri, con distruzione delle prime schede preparate dai Moderatori, e votazione del 30/X/63: "pagina poco onorevole", commenta Felici.

Questo nodo nelle relazioni ritorna più volte nelle "memorie", legato soprattutto alla questione della collegialità, con citazioni illustrative, al riguardo, di Papa Paolo[120] (23/1/64, 31/1/64, 12/3/64, 23/3/64, 27/3/64, 1/4/64, 9/4/64, 6/5/64, 14/5/64, 16/5/64, 18/5/64, 3/6/64, 10/6/64: un po' di dispiacere papale per la posizione assunta da Mons. Parente[121], - 17/6/64: nuovo testo e suggerimenti di Felici, 5/8/64: egli avrebbe "preferito una maggior precisione di linguaggio e una più esatta documentazione di fonti", 9/9/64: il capitolo della collegialità, per Paolo VI, "è una spina",

---

[120] Cfr. *Contrappunto* p. 400 e *Per la sua corretta ermeneutica* p. 374s.
[121] V. *Contrappunto*, p. 400 e *Per la sua corretta ermeneutica* p. 375.

17/9/64: nota lettera di Cardinali ed altri Padri intesa a sospendere la votazione sul cap. III del *De Ecclesia*; per Felici, invece, bisogna continuare, 22/9/64: "il Papa non ci ha dormito". È indicativo della sensibilità di Paolo VI.

In data 23/9/64 il Segretario Generale gli suggerisce un intervento di Philips[122] - e non di Ruffini[123], - come invece pensava Paolo VI, per una mediazione anche sul *De Beata*. Felici conclude (30/9/64): "molti 'nodi' per il cap. III *De Ecclesia* approvato. "Speriamo che alcuni punti vengano migliorati o corretti. Altrimenti il primato del Papa, per quanto venga affermato fino a stancare, avrà certamente un colpo non lieve. V'è tutto uno sforzo per condizionare in qualche modo l'azione pontificale del Papa". Il Segretario Generale affronta altresì la difficoltà sorta per gli strumenti di comunicazione sociale, ricevendo la solidarietà del Pontefice, aspetto di rilievo della sua personalità (1/1/64, 9/4/64, 21/5/64). Certamente nel riportare avvenimenti e giudizi, nel suo Diario, Felici rimanda a quanto "già messo" in archivio, ma quel che scrive qui sui punti caldi sinodali rivela il pensiero dell'A. con chiarezza e anche le sue contrarietà. Peraltro il suo ruolo in più momenti appare decisivo, come attesta la scelta della formula di conferma papale dei documenti finali sinodali, nonostante quanto affermato finora da molti (Ottobre '63, alla fine).

---

[122] Cfr. *Contrappunto* p. 400 e *Per la sua corretta ermeneutica* p. 375.
[123] V. *Contrappunto* p. 401 e *Per la sua corretta ermeneutica* p. 376.

Per il fatto poi che Paolo VI affida al Segretario Generale sempre più gravi incombenze, con il passare del tempo e con il crescere della fiducia e per la generosità di Mons. Felici nell'adempiere i compiti affidatigli, egli deve "seguire" periti ed esperti (2/1/64: "disappunto papale per P. Congar"[124], - 23/1/64: a causa dei gesuiti olandesi e di "Concilium", 27 e 28/2/64 per P. Murphy: "sappia che lavora contro la Chiesa" (15/1/64): per R. La Valle[125] - e G. Alberigo[126], - attraverso il Card. Lercaro[127], - 9/4/64: dunque vigilanza, 3/6/64: il Papa "è preoccupato per l'intraprendenza e l'inobbedienza di alcuni periti"). Da seguire è altresì il nuovo organismo ("Consilium") per la Liturgia (9/1/64, 4/2/64, 13/2/64: il S. Padre è dispiaciuto per l'atteggiamento poco equilibrato del Card. Lercaro, e per Mons. Carli[128] – "così polemico e poco comprensivo". Ancora è la volta di alcuni periti (31/12/64, 18/2/65, 18/3/64: su Küng[129] – 10/2/65: "insubordinazione e ribellione", 18/2/65: circa gli Osservatori, 10/6/65: di nuovo sui periti, 10/2/65 riguardo a Mons. Parente). Tutto questo è rivelatore soprattutto di preoccupazioni espresse dal Papa, che pur con equilibrio si colloca nella sua responsabilità massima di Successore di Pietro.

---

[124] Cfr. *Contrappunto* p. 395 e *Per la sua corretta ermeneutica* p. 369.
[125] V. *Contrappunto* p. 398.
[126] V. *Contrappunto* p. 393 e *Per la sua corretta ermeneutica* p. 367.
[127] Cfr. *Contrappunto* p. 399 e *Per la sua corretta ermeneutica* p. 373.
[128] V. *Contrappunto* p. 394 e *Per la sua corretta ermeneutica* p. 368.
[129] Cfr. *Contrappunto* p. 398 e *Per la sua corretta ermeneutica* p. 372.

Paolo VI e il Segretario Generale concordano inoltre un testo finale riguardante gli ebrei (21/5/64 e 2/7/64: non piace la proposta Lercaro, v. pure 12/2/65), mentre il Papa si rivela non completamente soddisfatto dello schema XVII che si chiamerà poi XIII nei giorni 7/10/64: "raffazzonato e di esito assai incerto", secondo Felici, 11/5/65, 2/12/65 e 5/12/65: sulla guerra.

A Papa Paolo non piace molto altresì lo schema *De Libertate* (24/9/64, 13/10/64, 15/10/64, v. poi 18/11/64, 19/11/64, 25/3/65, 16/9/65, 17/9/65, 20/9/65, 2/12/65). L'orientamento del Pontefice sarebbe stato pure di chiudere il Magno Sinodo nel '64 (12/3/64; 26/8/64, ma il 9/4/64 aveva detto a Felici: "si prepari alla IV sessione").

Degno di attenta lettura è inoltre quanto l'Autore scrive su alcuni snodi delicati del Concilio nei suoi due ultimi anni.

In primo luogo il capitolo III di *Lumen Gentium* e la *Nota Explicativa Praevia* (11/11/64: il Papa chiede modifiche del testo altrimenti non potrà approvare, 8/11/64, 16/11/64, 21/11/64: "trionfo del Papa e della Madonna", ma, 28/1/65: bisognerà "evitare polemiche e far parlare i documenti" nota il Segretario Generale, 10/2/65: Paolo VI si lamenta degli interventi di Mons. Parente sulla questione della *Nota Praevia*. Il 4/3/65 Felici conclude: "A mio giudizio il S. P. si preoccupa troppo e mostra di aver paura. Non c'è di peggio, mi sembra, per un governo davanti a delle persone talora violente". Queste parole – che non condivido –

peraltro sono da leggere tenendo in conto le altre, di ammirazione, proprio per la fortezza del Papa (21/11/64 e 18/11/64).

Passando (26/11/65) alle proposte fatte da Paolo VI nella questione del matrimonio il Papa esprime il suo disappunto per la reazione provocata nella Commissione. Comunque egli accetta pure altre formulazioni, purché rispondano al suo pensiero; se gli altri hanno la coscienza, anche Paolo VI ha la sua, e deve seguirla, "per non compromettere la vera dottrina della Chiesa, che in tutto lo schema non è sempre esposta con la dovuta limpidezza (anche qui la preoccupazione per la dottrina, caratteristica montiniana). E poi cosa è tutto questo parlare di amore, amore, amore senza dire che il fine primario del matrimonio è il *bonum prolis?* E perché non denunziare gli antifecondativi e i contraccettivi quando si condanna l'aborto e l'infanticidio?" La posizione di Paolo VI è dunque chiarissima e sboccerà nella *Humanae Vitae.*

"Le parole del Papa mi danno tanto conforto e glielo dico", aggiunge Felici. Fa da sfondo a questo discorso quello del Cardinale Suenens sulla limitazione delle nascite (29/10/64), poi da lui rettificato (7/11/64) "secundum quid".

Di rilievo altresì sono alcuni tratti del Diario sul *de Oecumenismo,* già approvato, che non "dà sicurezza al Papa e quindi non potrà passare in questa sessione". La cosa invece avviene (16/11/64), poiché il Cardinale Bea[130] e Mons. Willebrands[131] accettano tutte le modifiche proposte da Paolo VI (18/11/64).

Sulla Divina Rivelazione varrà ricordare inoltre una sua costante, come risulta dal Diario, e cioè la sua volontà che lo schema parli di più e più chiaramente della Tradizione come fonte costitutiva della Rivelazione stessa. Così il 23/9/65 il Pontefice incarica Felici di notificarlo alla Commissione.

Ad ogni modo (14/10/65) il Papa, "delle modifiche fatte dalle Commissione Teologica nello schema, dietro suo suggerimento, non è completamente entusiasta; avrebbe desiderato di più, comunque si contenta". In tal giorno Paolo VI fa cenno al Segretario Generale di due lettere scritte da Em.mi in cui si critica il suo modo di intervenire presso la Commissione Teologica. "Ha loro risposto affermando che il Papa non può limitarsi ad approvare o no, alla fine; ma deve anche *in itinere*, consigliare, persuadere, ecc". Felici aggiunge qui un *Optime*! Di approvazione.

Per quanto riguarda la questione della condanna del comunismo e del relativo ricorso di Mons. Carli, la proposta di soluzione di Mons. Felici è accettata dal Pontefice e da tutti (26/11/65). Questo dice delle divisioni all'interno sia della minoranza, come è del resto nella maggioranza. In entrambe le "ali" del Concilio vi sono delle estremità renitenti al continuo sforzo pontificio di condurre al

---

130 V. *Contrappunto* p.394 e *Per la sua corretta ermeneutica* p. 367.
131 Cfr. *Contrappunto* p. 403 e *Per la sua corretta ermeneutica* p. 378

consensus, che diventerà alla fine quasi unanimità. In effetti sulla questione di merito (circa la condanna del comunismo) si è d'accordo di non rinnovarla espressamente, ma nella Relazione si dirà che i suoi errori son già condannati nel testo, come del resto lo sono dal Magistero della Chiesa; e se si evita di entrare esplicitamente ora nella questione è per sfuggire a interpretazioni politiche; nel testo conciliare (in nota) poi si richiameranno le Encicliche ove il comunismo stesso è apertamente denunziato e condannato.

Potremo anche rilevare l'accoglienza, definirei cordiale, un apprezzamento, da parte di Felici, della riforma liturgica conciliare, di un grande latinista come lui. "Il nuovo rito riesce bene" scrive il 19/3/65, "la partecipazione dei fedeli è più intensa", ciò lo porta a difendere l'italiano introdotto in S. Pietro in opposizione ad alcuni Capitolari che vorrebbero la Messa continuasse tutta in latino.

Interesserà altresì qualche aspetto della relazione specialmente del Segretario Generale con i Moderatori, che non furono del tutto serene, come già sappiamo.

Il 15/10/64 Felici manifesta l'impressione che tre di loro stiano sia al governo che all'apposizione. "I Moderatori bisogna moderarli" osserva Paolo VI (il 13/10/64, scherzando, ma non troppo). Il Segretario Generale asserisce che i Moderatori "hanno fatto altolà al Papa". Per altro successivamente c'è un dialogo di chiarimento con Döpfner. Felici osserva (19/10/64): "I Moderatori praticamente influenzano il Papa; hanno capito che non è un carattere forte e deciso. Ho detto scherzando che in questa maniera si viene instaurando di fatto un conciliarismo. Mi auguro che questi pensieri siano sciocchi. Ma chi sa!" Io direi che lo sono.

Significativo comunque è quanto Felici suggerisce a Paolo VI, il 6/5/65, cioè di "lasciare gli organi direttivi del Concilio già come sono; solo si dovrebbe raccomandare ai Moderatori di essere veramente tali; non dovrebbero prendere posizione per questa o quell'altra tendenza, né esprimere opinioni personali. E il Santo Padre è d'accordo; è il suo pensiero".

Il 10/6/65 il Papa esprime ancora la sua preoccupazione per i Moderatori, ma vede anche di poco buon occhio alcune iniziative della CEI e del *Coetus Internationalis Patrum*[132] (13/8/65).

Però oltre ai Moderatori pure la Segreteria di Stato crea – secondo Felici – qualche difficoltà, cosicchè auspica (15/10/64) che essa "non si interessi più direttamente dei problemi conciliari (ogni volta che lo ha fatto, ha messo confusione)". Implicita risulta qui la diversità di visione fra il Sostituto Mons. Dell'Acqua e il Segretario Generale del Concilio.

A completamento indicativo, ricordo un altro "sfogo" di Felici affidato al Diario per quanto concerne l'accusa a lui rivolta di essere appunto "il manutengolo della Curia Romana" (19/10/64). "Se

---

[132] V. *Per la sua corretta ermeneutica* p. 369.

sapessero costoro – si lagna fra sé e sé – quanto ho dovuto soffrire per alcuni suoi Prelati"! E aggiunge "se la campagna [denigratoria] continuerà potranno cambiarmi mestiere e ne ringrazierei Iddio" (19/10/64).

Queste "sono le spine che ci capitano nel nostro lavoro" (15/10/64), esclama a questo proposito il Papa – che capisce la situazione – e aggiunge con pena: "non mi fanno più dormire", e non è la prima volta che così confessa la sua tensione, si badi bene (v. 8/11/64).

Ci avviciniamo nel Diario alla fine del Concilio e già vi è scambio di vedute del Papa con Felici per la fase post-conciliare. Per questa ragione qui raccogliamo anche noi, prima di concludere, una lode al magno Sinodo da parte di Felici stesso e ciò controbilancia e sfuma tante cose da lui scritte di getto e sotto pressioni e angustie giornaliere, specialmente nei periodi particolarmente duri e faticosi, trascorsi con difficoltà anche psicologica. Ecco le sue precise parole di apprezzamento: "Forse nessun Concilio ha avuto una fine così bella e promette (8/12/65), coronata – mi sia lecito ricordarlo – da un pranzo con Paolo VI, che aveva invitato in quel giorno di chiusura anche i Monss. C. Colombo[133] e Willebrands. Il Papa vi si mostrò molto soddisfatto del Magno Sinodo ed ebbe altresì, il 17/12/65, parole altamente elogiative per la Segreteria Generale ricevuta in udienza. E la riconoscenza con i propri collaboratori, fu

---

[133] Cfr. *Contrappunto* p. 395 e *Per la sua corretta ermeneutica* p. 369.

caratteristica di Papa Montini. Ed è un'espressione della sua grande carità.

Printed in Poland
by Amazon Fulfillment
Poland Sp. z o.o., Wrocław